Selig die reinen Herzens sind

Gertrud Niesel

SELIG
DIE REINEN HERZENS
SIND

VERLAG DEM WAHREN – SCHÖNEN – GUTEN
– BADEN-BADEN –

Buchreihe: Die Belehrung
Einbandgestaltung: Marielú Altschüler

ISBN: 3-923193-37-8

Erste Auflage: 1985
© Copyright und alle Rechte
VERLAG DEM WAHREN - SCHÖNEN - GUTEN / Baden-Baden
Ausstatung und Druck:
Druckerei W. Berggötz/Pforzheim

DIE SPRACHE DER L I E B E

IST DIE EINZIGE SPRACHE,

DIE ALLE MENSCHEN VERSTEHEN

Josef Freinademetz

Den beglückenden Erfolg, die spontane Aufnahme, die Gertrud Niesel's erstes Bändchen unter seinem Titel: 'Die göttlichen Strahlen der Liebe' erfahren durfte, werden auch dem 2. Teil 'Selig die reinen Herzens sind' gewährt sein. Es findet sich in ihm eine wunderbare Fortführung der geistigen Belehrung durch das 'Innere Wort', das Gertrud Niesel seit ihrer Kindheit vernehmen darf und dem sie durch die langen Jahre ihrer derzeitigen Existenz – dem Christusgebot gehorsam – 'getreu' gefolgt ist.

Der Leser und Suchende auf dem WEG möge sich ganz diesem Wort erschließen. Er lerne aus ihm, seine Abhängigkeiten, Negationen, Konfrontationen – kurz: das Ego – zu transformieren, um in Harmonie und Einklang mit den hehren Gesetzen zu gelangen, die dieses Bändchen in besonderer Weise herausstellt. Erkenne jeder freudig – ja dankerfüllt – die Möglichkeit, Zeile um Zeile als Auftrag zu begreifen, – ihre grundlegenden Regeln als Herausforderung anzunehmen, um sich immer leichter dem evolutionären Aufstieg überantworten zu können.

Jede Prüfung im Alltag verstehe der Werdende daher als Lernprozeß, als vom Geist gewährte Gelegenheit, sich zu Opfer, Wagnis, Vergebung, Toleranz, Hingabe, Stille, Liebe zu bereiten. Solchermaßen darf geistiges Wachwerden geschehen und mit ihm das Hineinwachsen in die neue, heilige Gesinnung der Demut und einfältigen Gelassenheit, die die Dienenden des kosmischen Liebeswerkes auszeichnen, ohne daß sie sich darüber kundtun. Sie auch leben das Gesetz der 'sanften Gewalt': der Widerstandslosigkeit der Seele gegenüber schicksalhafter Notwendigkeit. Tröstung wird nicht mehr erzwungen, vielmehr vollzieht sich freiwillige Unterordnung unter den göttlichen Plan und Willen in dem Wissen um Seine Weisheit: 'Selig, die reinen Herzens sind'.

So vermag sich an jedem – seiner Bewußtseinsstufe und seel. Bereitschaft gemäß – Befähigung zu einem sich immer höher steigernden Erleben und Erfahren dessen zu offenbaren, mit dem Gertrud Niesel ihr erstes Bändchen begann und das zweite beendet: 'Die Liebe besiegt alles – Die Liebe besitzt alles'.

Marielú Altschüler

Die Geheimnisse GOTTES kann niemand erforschen.

Die Geistseele ist in ihrem Erdenleben an die Gesetzmäßigkeit der Erdenwelt gebunden. Die Unbegreiflichkei-
ten außersinnlicher Wahrnehmungen erfaßt sie in ihrem
Unterbewußtsein, kann sie aber auf irdischer Basis nicht
weiterleiten. Geheimnisvolle, dem höheren Leben ange-
schlossene Aspekte und Wirklichkeiten wird der ausgebildeten Seele offenbart, dem Grade ihres geistigen Vermögens angepaßt.

Über Jahrtausende hin gab Ich den Seelen Gelegenheit,
sich dem Göttlichen zu erschließen. Kraftvoll arbeiteten
viele in ihren verschiedenen Erdenleben an der Gestaltung ihres Geistes. Einzig hierzu gab Ich der Geistseele
ihren freien Willen, um sich emporzuschwingen zu der
Seinswelt alles Ewigen.

Zur heutigen Zeit sind die Menschen und Völker teil-
weise so weit ausgebildet, daß sie mühelos erkennen
können, was Zweck und Sinn des Lebens hier auf Erden
für die Seele bedeutet. Darum ist auch erfüllt die Zeit.
Wiederum geht eine Epoche zu Ende, die der Vorbereitung geistigen Erwachens und Vollendung seelischer
Kräfte vorbehalten war.

Nunmehr führe Ich die kleine Herde, die sich Mir unter-
stellte, Selbst. Losgelöst von irdischen Bindungen, übermittle Ich ihnen göttliche Eigenschaften, die sie in heiliger Einfalt und Gelassenheit an ihren Mitmenschen aus-
üben. In wunderbarer Einheit erfüllen sie den Plan Gottes hier auf Erden. So vielfach ihre Aufgaben, so vielfach
die Gaben, die Ich ihnen übermittle.

Nur wer das Erdenleben bereits in sich überwunden hat, wird die Kraft haben, vor wertvoller Ansprache des GOTTES-GEISTES sich in Demut und Ehrfurcht voller Ergriffenheit und Dankbarkeit zu beugen.

Meine Allmacht bewirkte die sichtbare Nähe Meiner Wesenheit. Die Sehnsucht deiner Seele hin zu ihrem Schöpfer, das vollkommene Einssein deines Willens mit dem Meinen, machten dich bereit, Mich aufzunehmen. Meine Speise ist Mein Wille! Ihm sich unterwerfen ist die immerwährende Nahrung deiner Seele.

Öffne deine Seele weit, daß Ich dich Mir bereiten kann. Alle unnötigen Geräusche schalte um dich und in dir ab. Wie kannst du Mein WORT vernehmen, wenn nicht die notwendige Stille in dir ist. Mein WORT kann dich nur auf dem Wege völliger Ruhe in dir erreichen. Aufklärend und dir helfend stehe Ich allezeit vor dir. Immerzu warte Ich auf einen lieben Blick, auf eine kleine Aufmerksamkeit von dir. Meine Nähe soll stets fühlbar für dich sein. Beglücken möchte Ich deine Wesenheit und sie emporheben zum VATER.

So wenige Seelen überlassen sich Mir. Sie verstehen nicht das Ansprechen Meiner Gottheit in ihren Seelen. Die weltlichen Einflüsse lassen sie nicht stille sein. Ununterbrochen ist ihr Geist mit belanglosen Geschäftigkeiten erfüllt.

Meine Zeit ist aber gekommen, wo Ich die Seelen Selbst anspreche und sie zu Mir führen möchte. Meine Kinder möchte Ich hineinführen in die große Einsamkeit ihres Seins, um sie ganz an Mich zu ziehen und sie dem VATER vorzustellen.

Der Geistseele Verbundenheit mit der gehobenen Welt vermehrt die Schwingungen hin zur Unendlichkeit. Es ist ein einziger Einklang mit allen geordneten Geistwesen. Kräfte, die in der ausgebildeten Seele im Verborgenen ruhen, entfalten sich in der Berührung mit der geistigen Welt zu außerordentlichen Fähigkeiten.

Getragen vom göttlichen Geiste schwingt die Geistseele sich empor und genießt die Verschmelzung im Einssein mit ihrem Schöpfer.

✻

Diese kirchliche Osternacht, die du miterleben konntest, war würdevoll in der Form des Ewigen. Mit den Chören der Engel vereint, erklang das Halleluja. Deine Seele wurde von der Erhabenheit und dem Gleichklang des Unendlichen beglückt. Ich sagte bereits: 'Es ist ein Glanz aus dem Ewigen. Die Himmel neigen sich und begegnen dem Endlichen.' Die Geistseele kostet das Unaussprechliche, was sie erkennt, atmet den Hauch des Göttlichen, sie ist geborgen in ihrem Schöpfer.

✻

Es wird nicht die äußere Form des Wortes sein, die das rein geistige Erkennen festzuhalten versucht. Erleuchtungen des Geistlebens ist Ausbildung, ist Fortschritt des Wachstums seelischer Kräfte.

Geistiges Vermögen kann man nicht in menschliche Worte formen. Die Begrenztheit irdischer Sprachform reicht nicht aus, das ewig Seiende auszusprechen.

Vergebens ist die Mühe, das geistig Erschaute als Mensch erklären zu wollen. Als GOTTVATER passe Ich Mich in Meinen Offenbarungen der Sprachform menschlichen Vermögens an, um die Seele zu Mir emporzuziehen, sie anzugleichen der göttlichen Seinswelt.

Aufstrahlt deine Wesenheit, wenn sie den göttlich kosmischen Strahl empfängt. Es ist ein Geschenk erbarmender, göttlicher Liebe an die Seele, da sie geläutert und gedemütigt sich dem Allheiligen und Allgewaltigen ergeben hat.

※

Die Reinheit deiner Gedanken und deiner Wesenheit überzeugten Mich von deiner geistigen Kraft und der Zugehörigkeit zum Göttlichen hin.

So wisse denn um die Auserwählung deines irdischen Lebens, daß Ich dich erneut inkarnierte, um Opfer und Sühne zu leisten inmitten der Gottlosigkeit.

Ausgesandt wurdest du, um Reinheit und Güte, Liebe und Geduld zu verwirklichen. Durch das leidvolle Erleben erwarbst du dir diese göttlichen Eigenschaften, und vollbrachtest so die Aufgaben, die Ich dir auftrug.

Kraft erbatest du von Deinem Schöpfer. Unberührt von irdischen Einflüssen verbrachtest du so die Jahre auf diesem Erdenplanet, einsam und unverstanden, da deine ganze Sehnsucht der Himmelswelt galt.

Du kamst als ein höherer Geist auf die Erdenwelt und verlorst nie den Anschluß an das Ewige. Du solltest Mir dienen an den Geschöpfen, an den Seelen deiner Kinder, auch der geistigen. Du warst Mir Werkzeug von Anfang an. Du lebtest gleich einem Seraph in Erfüllung deiner Pflichten. Wo deine physische Kraft versagte, setzte die Meine ein. Alles vollbringst du unter dem Drang Meines göttlichen Willens.

Meine Kinder sind aufgerufen, kraftvoll im göttlichen Sinne zu arbeiten. Ich Selbst führe diese kleine Schar bis zur Vollendung. Losgelöst von allem Begehren vollbringen sie die ihnen gesetzten Aufgaben im Verein mit den himmlischen Kräften.

※

In schmerzerfüllten Stunden habe Ich dir öfters zugerufen: Vertraue! Je fester dieses Vertrauen wird, um so lichter die Gewißheit.

Du durftest göttliche Kraft an der Wesenheit der geliebten Seele erfahren. Göttliche Geisteskraft allein vermag eine Seele zu verändern, daß sie Verkehrtes aufgibt. Das fürbittende Gebet für der Mitmenschen Seelen vermag viel. Es gewährt ihnen die ausspendende Kraft des Göttlichen. Es verhindert, das oft unbewußte Ungute auszuführen.

Durch die Segnungen des Fürbittgebetes wird die Tätigkeit der Geisteskräfte auf höhere Ebenen gelenkt. Blitzartige Erleuchtungen können die Seele positive Entscheidungen ihres freien Willens ausführen lassen.

In unaussprechlichen Höhen wird sich deine Seele bergen. Im Einklang und der Harmonie der geistigen Welt wird sie sich emporschwingen zu ihrem Schöpfer. Spürbar halten dich die Erdengesetze umfangen und hemmen oft den geistigen Flug.

Ungeahnte Kräfte lassen dich das Göttliche kosten. Deine Wesenheit ist eins mit der Meinen. Unserer GOTTHEIT Fülle strahlt in dir aus.

Nicht die göttlichen Tröstungen zeichnen der Seele Größe aus, sondern die Vielfalt der Leiden, die sie mit Großmut erträgt!

Nicht Verstandeskraft vermittelt Kenntnisse mystischer Seelenkräfte. Der Verstand ist erdgebunden gleich dem Körper und wird sich nach dem Tode in Nichts auflösen. Allein die Ausbildung der Seelenkräfte hat Fortbestand in sichtbaren wie in unsichtbaren Welten. Angepaßt sind die Geisteskräfte der Erdverbundenheit. In ihr sind ausgelöscht Erinnerungen der geistigen Welt. Nur im Unterbewußtsein verblieb das Sehnen nach dem ewigen All.

Ich verbarg der Menschen Wissen um die jeweilige Wiedergeburt der Geistseele, damit der Seele Kraft sich weiterhin ausbilde in der ihr gestellten weltlichen Aufgabe und Planung göttlicher Schöpfung.

Über Jahrtausende hinweg vollzog sich so der Seelen Aufstieg. Immer wechselseitig dem jeweiligen Leben der Seele angepaßt, ob in der rein geistigen Welt oder in einem anderen Körper auf eurem Planeten.

Planmäßig vollzieht sich in ununterbrochenem Kreislauf die mitschöpferische Gestaltung des gesamten Weltalls. So kann die Seele durch ihren freien Willen ihre Kraft benutzen – entweder zur Neu- und Mitschöpfung oder zur Vernichtung des Geschaffenen.

Allein der geistigen Kraftausübung bleibt es belassen, wie der Seele Vermögen ihre Tätigkeit ausführt. Ist es der Aufstieg zur unbegrenzten Göttlichkeit – oder ein Hinab ins dunkle Reich.

Göttliche Machtausübung vermag die kraft- und lichtvolle Geistseele schon hier auf der Erdenwelt auszuführen, wenn sie sich dazu emporgearbeitet hat, göttlich geistiges Auswirken – verbunden mit göttlichen Eigenschaften – in sich zu verkörpern.

Machtvoll und beherrschend wird die Wesenheit des erleuchteten Geistseelen-Menschen ausgestattet. So gesehen, vollbringt sie die Pläne des allweisen Gottes in Seiner ewig neuen Schöpferkraft.

Tauche unter in Meine Wesenheit!
Erkenne Meine Wesenheit!
Erlebe Meine Wesenheit!

⚜

Suche Mich nicht im Weltall. ICH bin in dir! Du bist die süße Frucht Unseres Geistes!

Heiligkeit durchströmt dein Wesen. Du atmest die Vollkraft Unserer Göttlichkeit. Umschleiert war in letzter Zeit der Seele Vermögen, da schweres Leid sie erdrückte. Spürbar zog dich die Macht des Leides in ohnmächtiger Zerrissenheit, in die Qual des seelischen Gefoltertwerdens.

Erkenntnis des Wahren und Reinen verursachten in dir die Bedrängnisse, erkannten die Taten des Bösen an den Seelen deiner Kinder. Qualvoll spürtest du die Krallen des Unguten, der sich der geliebten Seele bemächtigte, und sie nun Zug um Zug der bisher angeschlossenen Gottheit entreißen möchte.

Vor Jahren sagte Ich dir schon: 'Es lohnt sich nicht, seine Liebe einem Menschen zu opfern – man opfert damit auch immer die Seele!'

Das Leben unter Meinen göttlichen Geboten braucht geistige Kraftanstrengung. Es bedarf Verzicht auf Gelegenheiten, die der Seele schaden. Jede Seele hat Erkenntnis zwischen Gut und Böse. Die Geistseele ist ihr eigener Richter, sie unterscheidet rechtes Tun vom unrechten.

Eigenliebe und Eigenwille verdecken sehr oft das feine Gewissen und machen es unfrei. Nach und nach unterordnen sich beide – Eigenliebe und Eigenwille, der Führung der dunklen Mächte, sie werden ihnen hörig, weil der Weg des Unguten bequemer und leichter ist. Man überhört das zarte Mahnen zum bewußten Aufrichtigsein, zur Ehrlichkeit und Reinheit seines Selbst.

Sitte und Moral sind Gesetze der Völker. Wer diese übertritt, überantwortet sich dem Bösen. Moral ist ein Naturgesetz.

※

Alles vermeintliche irdische Glück ist hinderlich dem Aufstieg der Seele zu Mir. Es raubt der Seele die Sehnsucht, sich aufzuschwingen in die geistige Welt. Darum sind die Härten des irdischen Lebens notwendig, damit die Geistseele sich kraftvoll dem Kampfe des Daseins stellt. Kraftvoll möchte ich die menschlichen Geistwesen gestalten, um sie brauchbar den Plänen Gottes zu belassen.

Ungeahnte Kräfteauswirkungen werden sie vollziehen, wenn sie gelernt haben, sich in Demut den Geboten Gottes und Seinem Willen zu beugen. Im Einssein göttlichen Wollens, der Reinheit ihres Wesens, berühren die gottnahen Seelen die geistige Welt, der sie verbunden sind und der sie entstammen.

Hineingeboren in das Ewige, gab Ich die Seelen zur höheren Selbstentwicklung dem Dasein des irdischen Lebens frei. Sie können in freier Gestaltung ihren Aufstieg zu den höchsten Sphären tätigen. Sie allein bestimmen ihre geistige Existenz, und im Verlauf von Jahrtausenden vollzog sich ihr geistiges Vermögen im Auf- und Abstieg eigener Kräfte. Vermögend im Erkennen ihrer Macht, gestalten sie die der Seele innewohnenden göttlichen Fähigkeiten und vollziehen so ununterbrochen unbewußt den göttlichen Schöpfungsplan.

Ein immer kreisendes Hineingleiten in ewige Sphären – ein sich fortlaufendes Gebären von Sein und Dasein – ein beglückendes, erfüllendes Aufschwingen im ewig Göttlichen – und letztlich das Zeit- und Raumlose, das unendlich, unbegrenzte Göttlichsein zu kosten.

16

Verborgen habe Ich bis heute diese eure geistige Macht, solange eure Wesenheit den irdischen Körper trug. Euer Entwicklungsweg war lang. Da eure Verstandeskräfte nunmehr die Stufe höchster geistiger Entwicklung erreicht haben, kläre Ich Meine Kinder Selbst auf und offenbare ihnen Meiner GOTTHEIT Wesen und Pläne. Ich berufe sie als Kinder und Zeugen Meines Gottesreiches, daß sie mit Mir in allen ewigen Ewigkeiten regieren. Wunderbare Wesen seid ihr, von Mir gestaltet. Alle meine Fähigkeiten sind euch eigen.

Dein Sehnen ist Liebe! Auch das große Leid, das du trägst, ist lauter Liebe – Liebe, die sich im Leiden offenbart. Ganz und ungeteilt bist du Meine Geliebte, die sich verzehrt im ständigen Heimweh nach Mir. Keinem Menschen habe Ich dich anvertraut. Vom Geiste Unserer Wesenheit wurdest du erzogen und geformt. Du bist Meine Leidgekrönte, der Ich Mich immerzu offenbare, die verborgen Mein Kreuz auf sich nimmt.

Größte Einsamkeit befiel deine Seele, da Ich sie von allem trennte. Kein Vertrautsein mit Menschen, keine Aussprache mit irgend jemand über das himmelbewegende Geistesleben deiner Seele. Still und willenlos erkanntest du Mein Wirken. Nüchtern nahmst du die Wechselwirkungen vom geistigen Erkennen, von den Erleuchtungen-Tröstungen und Ansprachen göttlicher Vertraulichkeiten mit Gleichmut hin. Dein Selbst war nicht stolz und kannte keine Anmaßung all der Gnaden, mit denen Ich dich überhäufte.

Ich hatte dich zuvor im Schmelzofen Meiner Liebe geprüft und dich für wert befunden, Meine Gottheit zu ertragen. Der Gottheit Wesen trägst du in dir, und deine Augen strahlen den Glanz des Ewigen. Du bist ganz Ich, ganz Wahrheit, nach der du verlangst. Du bist nicht einsam, dein Ich bin ICH! Ich bin immer um dich! Strahle Meine Gluten, die aus Mir strömen und den Frieden, der Meine Liebe krönt, aus dir aus.

❦

Als sich dir gestern der Himmel neigte, außergewöhnliche Jenseitserlebnisse dich durchlichteten, dein Sein eingetaucht wurde in die Kraftströme göttlicher Wesenheit – war alles irdische Bewußtsein in dir ausgeschaltet – einzig der rein geistigen Existenz unterworfen. Nichtig in dir war alles, was irdischen Bestand hatte.

In dieser vollständigen geistigen Auflösung allein, vollzieht sich die Verschmelzung göttlicher und menschlichgeistiger Wesenheiten. Brauchbar für Meine Pläne werden so die Seelen geformt, ausgerichtet und angepaßt der geistigen Welt.

❦

So rein wie dieser Schnee, der vor dir liegt, ist deine Seele und nur in dieser Reinheit kann Ich Mich in dir auswirken.

Das ganz Reine, verbunden mit der totalen Hingabe deines Selbst – in der alles umfassenden und hinströmenden Liebe – ist das Vollendete, das Vollkommene der geistigen Welt.

❦

Du erkennst in diesem Leben deines Alleinseins die gottgewollte Atmosphäre geistiger Ebene, jene Geisteswelt, die deinem Sein Aufgabe und Erfülltsein für außersinnliche Tätigkeiten geistigen Gedankengutes vermittelt.

Nach Erfüllung irdischer Aufgaben zog Ich deine Seele ganz für Meine Belange zu Mir. Große Aufgaben erwarten dich. Genährt und gestärkt werden deine Geisteskräfte sich Meinem Plane unterordnen. Deine Geistseele wird von irdischen Belangen und Verlangen unberührt bleiben, da du die Welt in dir überwunden hast.

❧

Das All, in das ihr hineingeboren seid, trägt das Wahrzeichen des Ewigen. Unaussprechliches, menschlich unfaßbares Sein eurer Wesenheit wird erfaßt von der ewig in sich kreisenden Lichtfülle – dem Mitschwingen in den Sphären von Harmonie und Einheit. Als Seinswesen habe Ich euch hineingestellt in die sichtbare Welt eures Planeten.

Vom Anbeginn Meiner Erdenschöpfung machte Ich euch als in einem sichtbaren Körper ruhende Geistwesen zu Mitschöpfern und Gestaltern eures Planeten. Ich schuf euch diesen Erdball und beseelte ihn gleich der lebentragenden Materie mit euren Geistseelen. Ihr waret dazu ausersehen, ihn nach euren Kräfteauswirkungen zu gestalten, ihm ein neues schöpferisches Dasein zu geben.

In dieser Neugestaltung lag die Vollendung eures geistigen Vermögens, die Erkenntnis göttlich schöpferischen Daseins. Eure Seele ist ein Hauch der Göttlichkeit, die sich hier auf Erden kraftvoll gestalten sollte in den Widerwärtigkeiten eures mühevollen Daseins.

❧

Unerschöpflich sind die Quellen geistiger Bereiche, in die Ich die Menschen jeweiliger Generationen einführen werde.

Unaufhaltsam wurden im Laufe Tausender von Jahren die Geistseelen ausgebildet, dem Schöpfungsplan angeglichen und zur Vollendung gebracht. Die gewaltigen Vernichtungswellen waren gegeben zum Neubeginn der Geschöpfe, hingeordnet der Fähigkeit der geistigen Welt.

Planmäßig ergab sich diese Ausbildung, ob sich die jeweilige Seele dessen bewußt war oder nicht. Erneute Inkarnationen und die damit verbundene Unterwürfigkeit, das Erdengesetz des Leides, und die der Seele entsprechende Sehnsucht nach dem Ewigen aus der sie stammt, brachten der Geistseele im Ablauf der Jahrtausende Erkenntnisse ihrer göttlichen Zugehörigkeit und ihre oft langwierige Vollendung. Immer ist die völlige Unterordnung an den göttlichen Willen, stete Hinwendung eigener Wesenheit an die Göttlichkeit und die ununterbrochene Kraftauswirkung geistiger Fähigkeiten geboten, die hin in geordnete Bahnen zum Ewigen führt.

Diese, jeder Geistseele eigene Willenskraft, verkörpert in sich den raschen Aufstieg und die Verwirklichung hin zu ihrer Göttlichkeit. Großes vollbringt die Seele, die dergestalt wirkt. Gleich, ob sie sich auf eurem Planeten oder in anderen geistigen Bereichen aufhält. Immer wirkt sie in Meinem Namen, entsprechend ihren ausgebildeten Fähigkeiten.

⁂

Habe den Trost, daß Meine Liebe zu dir unverändert groß ist. Mögen die weltlichen Ereignisse dich drücken, deiner Seele können sie nichts anhaben. Du hast um Meine Gesetze gekämpft und hast sie verteidigt, hast dich nicht irre machen lassen, von der Seichtheit der neuen Lehre und falschen Deutung menschlichen Lebens.

Deine Aufgabe bleibt dir: – MICH zu lieben! Nichts soll dir heiliger sein, als diese Zweisamkeit zwischen Mir und dir.

Es sind nur wenige Erdenkinder, denen Ich eine bestimmte Aufgabe anvertrauen kann. Jede dieser Seelen bereichert die Gnadenfülle, die Ich auf Meine Kinder ausgießen möchte.

Deine Treue, deine Hinordnung an Meinen Willen, ist dir Aufgabe. Die Zurückgezogenheit, in der du lebst, ist gottgewollt, einbezogen deiner körperlichen Schwäche. Wenn du diese Mir wiederholt als Sühneopfer anbietest, so bist du schon längst eingetaucht in die Geisteswelt höchster Sühnekraft.

Das große Leid, das dich umfing, war Gebet und Liebe zugleich. Leid und Liebe werden nie getrennt. Träger höchsten Geistesgutes sind auch Träger größten Leides.

Im namenlosen Leid wird die Seele geformt zum brauchbaren Eigentum Meiner Pläne. Wenn die Seele das finstere Chaos, was sie in und an sich erlebt, durchschritten hat, wird sie geläutert dem göttlichen Licht entgegeneilen und von Stufe zu Stufe dem Glanz Meiner Liebe sich nähern. Nichts kann sie aufhalten auf dem Wege hin zu Mir.

Die Begebenheiten des Erdenlebens sind für jene Seelen belanglos geworden. Einzig dienen sie mir und wo immer notwendig, den Mitmenschen.

Jeder Schmerz birgt neue Gnaden in sich.

Du willst das menschlich Unbegreifliche – das Göttliche – in das du eingetaucht bist, in Worten festhalten. Jedoch kann man diesen geistigen Zustand eines Menschen nur im tiefsten Innern der Seele empfinden, aber weder mitteilen noch in Worte formen.

Unaufhörlich werden geistige Erleuchtungen jenen Seelen aufgedrängt, die sich Mir völlig überlassen haben und die Ich Meinen Plänen unterordnete. Verwandeln werde Ich ihr Sein. Unser GOTTESGEIST formt diese Geistwesen Selbst, die willens sind, sich Uns zu überantworten.

Alles, was an diesen Wesenheiten geschieht – sei es an ihren geistigen Werten oder im natürlichen körperlichen Sein und Dasein – ist hingeordnet Unserer planmäßigen Umgestaltung jener Seelen. Sie werden hingeführt zur Vollendung des Göttlichen, angeglichen dem ewig geistigen Sein höchster Wesenheiten.

꧁꧂

Eingeordnet wird die so von Uns ausgebildete Geistseele in Unserem Schöpfungsplan, daß sie Aufgaben erfülle, die dem geistigen Vermögen entsprechen, sei es hier auf diesem Erdenplaneten oder in jenseitigen Welten.

Nur wenige Seelen lassen sich so von UNSEREM GEISTE formen und führen, denn die Läuterungen durch die sie hindurchmüssen, dünken so schwer: Engelgleiche Reinheit der Seele in ihrem ganzen Sein – Befolgen Meiner Gesetze und Gebote – Hingabe an Unseren göttlichen Willen – Gebet und Opferbereitschaft in Ausübung der Gottes- und Menschenliebe sowie inneres Sichlösenkönnen von allem Geschaffenen.

Die reine und wahre Liebe zu Mir, dem Schöpfer allen Seins, birgt alle diese Voraussetzungen in sich. Dieser Gottesfunke aus Mir – diese Geistseele – kennt demzufolge keine Hindernisse auf dem geistigen Wege zum Einssein mit Mir.

Wenn Ich zur heutigen Zeit viele Seelen anspreche, die einen auf diese und andere wieder auf jene Gebiete und Fähigkeiten hinweise – immer aber vermögend ihrem Geiste entsprechend – dann sollen diese Meine jeweiligen Ansprachen allen Meinen Geschöpfen dienen. Die einen wie die anderen haben verschiedene Aufgaben, und kraft dieser Voraussetzung werden sie sich entsprechend im jetzigen Leben auswirken. Der göttliche GEIST erfüllt Sich in ungeahnten Dimensionen.

❧

Meine Liebe läßt sich nie an Großmut eurer Seelen übertreffen. Der leiseste Hauch eurer Hinwendung zu eurem Schöpfergeist, wirft tausendfach Seine Gegenströmung auf euch zurück. Ununterbrochen, im immer gleichlaufenden Kreislauf ist die Einheit und der Gleichklang zwischen Mir und der sich Mir hingebenden Seele.

Es sind dies nicht nur die geistigen Bindungen mit den auf Erden lebenden Geistseelen, sondern gleichberechtigt sind an diesen Schwingungen alle Geistwesen angeschlossen, gleich wo sie sich befinden und in welchen Regionen Meines Schöpfungsbereiches.

Menschliche Sprachform reicht nicht aus, den immerwährenden Jubel und beglückenden Gleichklang ewig himmlischer Freuden zum Ausdruck zu bringen. Erfaßt von diesem Rhythmus wonnesamer Herrlichkeit, kann auch die Geistseele auf diesem Erdenball sich nicht dem Urgöttlichen entziehen. Gebannt – ihre Aufgabe vollziehend – erlebt auch sie ihr Dasein in ungeahnte Dimensionen göttlichen Seins. Von Stufe zu Stufe reift sie der Vollkommenheit entgegen.

❧

Mein Kind, suche die Freude in dir, in dieser geistigen Höhe. Gehe über die Niederungen der Erdenwelt hinweg. Steige hinauf zu den Gipfeln der Bergwelt. Atme die reine Höhenluft Meiner ausströmenden Liebe, damit deine Seele in der Leuchtkraft Meiner Ursonne die Wärme Meiner Strahlen spürt und du dich froh und heiter emporschwingen kannst zum Danke und Lobpreis Meines Namens, Meines urewigen Seins.

Wenn du in liebender Einung mit Mir deinen Lebensweg zu lenken und zu meistern suchst, dann geschieht dies in größtem Frieden und dem unverkennbaren Frohsinn sowie der Gelassenheit deiner Seele. Gleich den Schmetterlingen wird sich deine Geistwesenheit emporschwingen und sich taumeln in den Sonnenstrahlen höchster Wonnen.

Die ungetrübte Freude kann sich nur aus der Reinheit und Klarheit höchster geistiger Werte herausschälen, denn der Gedanken Höhenflug läßt sich ermessen an der Lauterkeit der Sprache. Die Gedanken, bevor sie ausgesprochen werden, sollten Zeugnis geben von einem liebeerfüllten Herzen.

❧

Die Stille in dir ist die Heilkraft,
die von innen nach außen strömt;
darum bleibe in Einheit mit Mir verbunden,
so werden aus dir Ströme
lebendigen Wassers fließen.

❧

Versuche immer in der Schwingung zu bleiben, die dich nach Aufwärts trägt. Lenke dein ganzes Bewußtsein in die noch höhere Schwingung, damit du nicht eingewirbelt wirst von deiner Umwelt. Nichts ist so wichtig, als daß du deine Kraft- und Lichtströme dem Nächsten weitergibst.

❧

Du sollst dich ganz Meiner Gegenwart widmen! Die Mir gehörende Geistseele hat Kenntnis Meines göttlichen Wollens, ohne daß sie die Wahrnehmung gesprochener Worte vernimmt. Die von Mir geformte und geführte

Seele auf eurem Planeten, ist somit nicht nur Meinem Angesprochensein verpflichtet.

Einstimmende Ausstrahlungen Meiner Wesenheit vermitteln in ununterbrochener, lukrativer Arbeitsweise die Ausführungen göttlicher Gesetze. Planmäßig wird der Aufbau hin zur geistigen Welt und zur Höherentwicklung geistigen Fassungsvermögens vollzogen. Der Mich liebenden und Mir unterstehenden Seele werden zur Aufwärtsentwicklung keine Grenzen gesetzt. Im stetigen Rhythmus geistiger Schwingungen vollzieht sie die Aufgaben jenseitiger Gesetze.

Wenn größere Sorgen und Leid deines irdischen Daseins dich ablenkten und zerstreuten, so war Ich doch nicht untätig in deinem Inneren. Kraftvoll erneuerte Ich dir deine oft versagenden körperlichen Kräfte. Stets waren Wir bemüht, dir ausreichend auf jeder Basis zu helfen. Du hieltest es nicht für angebracht, Meine WORTE, die Ich immer im vertraulichen Gespräch mit dir wechselte, schriftlich festzuhalten. Es wäre dies auch unklug. Die Seele würde zuviel von ihrem Eigenleben, von der Intimität zwischen Meiner und ihrer Wesenheit verlieren.

Jenseitiges Sein, mit all den entsprechenden atmosphärischen Schwingungen, kann man nicht in menschliche Sprache formen. Es sind Erlebnisse eigener Art – erkennend die Formen ewigen Daseins.

Meine Kinder, die Meine Stimme hören und sich auf diese hin ausgebildet haben, werden verschiedenartig, ihrem geistigen Fassungsvermögen entsprechend, angesprochen. Sie erfüllen verschiedene Aufgaben, teils als mitteilende Boten Unserer Pläne. Im Jenseits sowie auf eurem Planeten werden sie entsprechend ihren Aufgaben, hier wie dort, eingeordnet. So wirken jenseitige Kräfte vereint mit den in menschlichen Leibern Wirkenden zusammen an ihren dem göttlichen Gesetze nach gestellten Arbeitsweisen.

Es ist dies ein harmonisches Ineinanderwirken, vorsichtig abgestimmt ihrem Geistvermögen. Das Dasein in einem menschlichen Körper ist gar nicht so wertlos und unvermögend, wie ihr es betrachtet. Eure geistige Ausrüstung ist der Geisteswelt angepaßt.

✻

Ihr kamet ja alle aus dem Licht, um Mir hier auf dieser Erde zu dienen. Dient an Meinen Menschenkindern, verschenkt und verströmt euch in Liebe. Das ist barmherzige Liebe, euch selbst, eure Zeit und eure Liebe zu geben und euch nicht mehr so wichtig zu nehmen.

✻

Im Raum ist ewiges Schwingen und Erklingen, ein Ein- und Ausatmen göttlicher Geistesfülle, ein Gebären von Schöpfungskräften in Neugestaltung von Formen und Sein.

Der ausgewogene Klang unaussprechlicher Harmonie erhebt sich zum Lobpreis dieser Urgewalten Einheit. Alle Atome des Weltalls schwingen im Rhythmus des sich ausströmenden GOTTGEISTES.

Sehnsucht und Anziehung hin zum Urgeiste, zum Urlichte und zur Urkraft sind bedingt durch die atomare Hinausstellung aller Geistwesen des GOTTGEISTES in der Teilnahme an allem Erkannten, an allen in sich ruhenden Geistwesenheiten. Es ist ein Hineingleiten aller Lebensformen in die Sphären der Geisteswelt.

Hinwiederum – wie willst du der Geistseelen Hineingleiten in höhere Sphären – in die deiner Seele empfundene Schau und ihr Erleben – in menschliche Sprache kleiden?

MICH, den ewig seienden Schöpfer, in deinem Bewußtsein zu erkennen, zu erleben und zu erfassen, ist in dieser ausgewogenen Fülle mit keinem Worte zu beschreiben.

Die Schwingung hin von Geist zu Geist, das Sichbegegnen und die damit verbundene Einung ist nur empfind- und fühlbar dem sich öffnenden und besitzbaren Geiste. Es ist das Hinbewegen der Geistseele in die ausgegossene Liebesfülle göttlicher Wesenheit.

✤

Das Ein- und Ausströmen göttlicher Strahlen und Gaben ist jeweils der Seele Geistvermögen angepaßt.

Ich werde diese Welt verändern durch die Liebeausströmung Meiner Erdenkinder. Nur dieser Liebeskraft ist es eigen, den Verfall der Menschheit und Erdenwelt zu hemmen, gleich, in welcher Form sich die Liebestaten der einzelnen Geschöpfe bewegt. Möglichkeiten zu dieser Liebentfaltung sind mengenmäßig unnennbar.

✤

Die geistige Leidensfähigkeit einer Seele findet ihr Kraftpotential im Bewußtsein der Allgegenwart des Schöpfers in der ihr eigenen Seelenstruktur.

Die Hinreifung einer göttlichen ausgebildeten Seele ist Beweiskraft ewiger Lebens- und Daseinsform, zu der sich die Seele hingezogen und eingeordnet fühlt.

Durch diese strukturbedingte Geistesform erkennt die jeweilige Seele die Notwendigkeit des Mit- und Hineingezogenwerdens der Schöpfungskraft. Nach und nach gleicht sie sich durch ihr Überwinden der Unzulänglichkeiten den göttlichen Gesetzen an und rückt so, dem Grade ihrer Überwindungskraft entsprechend, dem Vollkommenen entgegen. Uneingeschränkt und unbeirrt zieht jene Geistseele ihre Bahn durch alle Zeiten, bis sie sich eint mit dem EINEN, ihrem GOTTVATER, von Dem sie sich fühlbar umschlungen weiß in höchster und heiligster Liebesform.

Die Geistwesenheit – die Seele, die liebt – besitzt dann alles.

Obgleich Ich dich in das Liebesdasein Unserer Gottheit eingeführt habe, bleibt deine menschliche Daseinsweise gebunden an dieses materielle Erdenleben. Als Menschwesen kannst du die Geisteswelt nicht erfassen, trotz deiner außerordentlichen Kenntnisse in diesen Geistsphären. Es bleibt ein Stückwerk im Erkennen des Jenseitigen, solange das Erdenkleid die Seele umfangen hält.

Du spürst an deiner Wesenheit das oft unerträgliche Sehnen, das Suchen und Hineingleiten in die Bereiche anderer Welten. Es bringt dir oft die Gewißheit, daß du als höheres Geistwesen zu einer bestimmten Aufgabe diesen Planeten bewohnst.

Du nahmst diesen Dienst nach Meinem göttlichen Plane an und vollführst mit Meiner Gnade Kraft die dir gestellten Aufgaben. Da du diese Meine Worte schreibst, bleibt dir die Kenntnis über Meine Pläne vorerst verborgen.

Als menschliches Geistwesen hast du dich Mir, deinem Schöpfer, freimütig Meinem Wollen und Meiner Führung unterstellt. So konnte Ich dich im Laufe vieler Jahre schulen und reifen lassen hin zum Vollkommenen. Auf dieser Basis werde Ich im Verein mit deiner Wesenheit Meine Pläne vollführen. Sei immer bereit, Meiner Stimme zu horchen. Unser GOTTESGEIST wird Sich dir offenbaren zu jeglichem Tun.

Die LIEBE umfaßt alles, was GOTTES ist. Sie ist der Beweggrund dessen, was aus ihr ausströmt: Unendlichkeit – Unbegrenztheit jeglicher Formen – alle erfaßbaren geistigen und materiellen Elemente – alles Sein – jede Ausübung geistiger Gedankenwelt.

ICH – GOTT – bin in allem *auf* und *in* allen Welten, weil ICH ganz LIEBE bin in ständiger, urgewaltiger, zeugender Liebeskraft Unseres GOTTGEISTES – vom VATER hin zum SOHNE und vom SOHNE hin zum VATER.

In diesem immerwährenden Kreislauf Unserer Liebe erfasse Ich alles Geschaffene und alle Geschöpfe gleichermaßen zum Wechselspiel dieser in sich rotierenden Liebeswelle.

Unbewußt empfangen alle Lebewesen, ob auf eurem Planeten oder auf anderen geistigen Welten bzw. Sphären, gleiche Ausstrahlungen Unserer Liebesfähigkeiten. Vermögend ihrer Aufnahmefähigkeit können alle Geistwesen Nutznießer dieser reinen göttlichen Kraftquellen sein, diese sind hinführend zur Kindschaft Gottes.

✿

Alle Vollkommenheit vereint sich in dieser Meiner Liebe.

In dem 'GOTT über alles lieben' liegt die Weisheit zugrunde, die der Voll-Liebe untergeordnet ist. Somit ist der Liebe Höchstgrad in sich selbst – also der Liebe – zu suchen.

Die vollkommene Liebe vermag hier und da selbst die Gesetze aufzuheben, da sie latent in ihrer Eigenart das Höchste bewirkt, kraft dessen ihre Fähigkeiten dem rein Göttlichen angepaßt werden.

Die Geistseele, die ihre Liebe zur vollkommenen Gottesliebe hin ausgebildet hat, vermag in ihrer Wesenheit alles Göttliche zu erkennen und zu erfassen. Unbeirrbar hört sie auf die Stimme Gottes, die sie führt.

✿

Mein Königtum liegt in dir! Erkannt hast du die Fülle Meines Reiches! Ewige Unendlichkeiten liegen sowohl hinter als vor Mir in ihrer allumfassenden Strahlungskraft.

Du weißt um das Sein menschlich nicht errechenbarer Welten Meines Königreiches in allen Sphären geschöpflichen und geistigen Daseins.

Meiner GOTTHEIT WESENHEIT herrscht unbegrenzt von Ewigkeit zu Ewigkeit in allem was ist und je sein wird!

Unversiegbar ist die Fülle Meiner Allmacht und Weisheit und Meiner Liebeausströmung. In ihnen ruhen alle Fähigkeiten, die aufbauend und zerstörend gleichermaßen sich auswirken.

Einzig die ALL-LIEBE strömt ihre Fluten und Gluten in diese unaufhörlichen Seins-Moleküle, erfassend das göttliche Leben jeglicher Form.

Ich umhülle dein Sein mit Meinem Lichte, es ist die Ergänzung der mangelnden menschlichen Odkraft. Alle formenden Erkenntnisse strahlen von Mir in dich ein. Angepaßt deiner geistigen Aufnahmefähigkeit wird dir stufenmäßig das Wissen höherer Dimensionen erkennbar sein. Angeglichen wird die Geistseele jenen Bereichen der außerirdischen Welten, die die gleiche nominale Entwicklungsstufe erreicht haben. Mit diesen Wesenheiten steht die Seele in unmittelbarer Verbindung.

Die dem Geiste nach gleichstufigen Seelen und Wesenheiten stützen und helfen denjenigen, die noch in der Verbannung, in der Finsternis leben. Aber hier wie dort ist es eine in sich selbst abgeschlossene Gemeinschaft, die sich gegenseitig trägt und führt. Dieses geschieht gleichermaßen in allen Sphären, in allen Abstufungen.

Ungeheure, nach menschlichem Ermessen unzählbare kleine Staaten, haben sich so im Laufe der Zeiten bzw. Ewigkeiten gebildet, die sich haargenau der molekülen Wesensart nach angleichen. Hier wie dort, in allen geistig belebten Welten, ist rangmäßig – um eure Sprache zu gebrauchen – je eine Einheit sich bildender Wesenheiten, die sowohl ihre eigene Regie, wie ihre göttlich planmäßigen Aufgaben verkörpern und vollziehen. Wohlgeordnet verbringen sie ihr Dasein wie ihr Sein im Rhythmus göttlichen Gleichklangs. Den höheren Sphären sind jeweils die unteren unterstellt.

Unbemerkt eures Wissens stehen die unsichtbaren Wesenheiten zu eurer Verfügung, eurem Selbst angepaßt. Gleiche Aufgaben werden gefordert, hier wie drüben in der unsichtbaren Welt. Die Gesetzmäßigkeit ist die gleiche, da sie der UR-Liebe entspringt.

Vermöge eurer Willenskraft und Willensfreiheit wird euch die geistige Ausbildung eurer Wesenheit hier auf eurem Planeten als freie Kinder eures himmlischen VATERS zur höchsten Vollkommenheit ermöglicht. Ihr seid an keine Erreichungsgrenze gebunden. Die höchstmögliche Seligkeitsstufe wäre für euch Erdenkinder erreichbar. Meine Gnade wäre euch gewiß!

※

Kommt zu Mir! Ich gebe euch alles was ihr braucht. Ihr werdet euch dann niemals mehr fürchten und euch um nichts mehr kümmern, denn ihr geht behütet und geschützt an Meiner Hand durch euer Leben. Ich werde euch führen. Ihr seid dann so stark wie euer VATER, Der an eurer Seite ist. Und wenn ihr fallt, so helfe Ich euch wieder auf. Ruft Mich darum immer in euer Bewußtsein hinein. Vertrauet Mir und geht mit Mir zusammen euren Weg, dann werde Ich alle eure Schwierigkeiten aus dem Wege räumen.

※

Göttliche Wesenheit umstrahlt dein menschliches Sein und läßt dich erkennen das große Gebot, das einzigartige Leben, das da LIEBE heißt.

Unerschöpflich wurden vor deinem geistigen Auge diese Quellen allen Liebens aufgezeigt, die den reinen Herzen vorbehalten sind. In ihnen erkanntest du dein eigenes vergangenes Leben, das getragen und geführt wurde von deinem allzeit göttlichen Freunde, Dem du dich voll anvertrautest von Kindheit an.

Du bist gereift an dieser Meiner Liebe! Das Werk Meiner Schöpfung in dir vollbrachte das Bildnis Meines Selbst! So geschehen denn auch nunmehr Meine Werke durch dich.

Atmen wirst du aus Mir die Macht der Liebe! Anziehen wirst du die Kinder, die Mich suchen! Trösten wirst du die Gestrauchelten und die Leidenden! Gemeinsam werden wir raten, schützen und helfen!

Meine Diener werden um dich sein und dir zur Seite stehen. Meine Himmel werden dir offenstehen. ICH BIN ihn SELBST! Du wirst darin ein- und ausgehen.

So künde das Werk Meiner Liebe – das offene Buch Meines Herzens. Ströme von Liebesgluten fließen ununterbrochen aus Meinem geöffneten Herzen.

Ich sagte dir bereits, daß nunmehr die Zeit gekommen ist, da Ich dich Mir bereitet habe als Werkzeug Meiner Liebe. Du warst so sehr eingehüllt in Meiner Gottheit, daß deine Furcht vor diesem Neuen, vor diesem Meinem Wollen, in und an dir, nur mit dem zartesten Hauche deines 'Dein Wille allein geschehe' in Mich einging.

Habe keine Sorge! Als Mein Werkzeug stehen dir alle göttlichen Mittel zu deren Ausführung zur Seite. Wunderbar strömt alles Göttliche aus dir aus, nicht wissend, was sich da ereignet und vollzieht.

※

Die Uhr tickt ununterbrochen und zeigt den Ablauf allen Geschehens an. Ganz bald wird sie den letzen Schlag der Zeitperiode angeben, dann beginnt die neue Zeitrechnung – das Reich Gottes – das Reich des Friedens.

Es ist das Zeitalter UNSERES GEISTES, der eine neue Menschheit bildet, aus dem Kern der jetzt lebenden, reinen Gotteskinder.

※

Unerschöpflich quellen die Wasser Meiner Liebe, die da sind die ausdrucksvollsten Gedanken Meiner Liebe, in die Herzen Meiner geliebten Kinder ein. Gespeist werden sie mit dem Brote göttlicher Gnade, erkennend ihr Dasein im Lichte Meiner Himmel!

In allen Gefilden der Himmel reifen die Geistseelen hin zur Vollkommenheit des ewigen Seins. Ihrem freien Willen zufolge können sie sich emporschwingen zur höchsten Gotteswelt.

Machtvoll werde Ich Mich zu gegebener Zeit Meinen Kindern zeigen!

※

So du Mich suchest in deinem Innern, komme Ich dir zuvor und erfülle dein Sein mit Meiner Liebe Sehnsucht. Alles in Mir ist Glut und Ich möchte dich hineinziehen in die Esse Meines Feuers, damit dein Sein mit Meiner Gottheit eine Einheit bildet.

Ich, dein VATER, habe dich an Mich gezogen, und habe Meiner Erbarmung um dich keine Grenzen gesetzt, damit dein Wille sich dem Meinen angleiche und Ich dich ausrüste zum Werkzeug Meiner Liebe. Die Stunde ist da, da du dich beugest Meiner Allmacht und kündest Meiner Liebe Größe und Weisheit.

Wiederholt sagte Ich dir, daß du als Gesandte des Himmels diese Erde bewohnst, um nach Meinem Willen und unter Meiner Führung dich hinauszustellen, da Meine Vaterliebe Großes an dir vollzieht in der Hinwendung an deine Geistgeschwister, denen du Mein Wort und Meinen Willen kundgeben wirst.

Deine Glutliebe zu Mir, deinem göttlichen VATER, drang durch alle Himmel und gleich dieser wurde dir stets mehr Erkenntnis aus der Ewigkeit gegeben. Geprüft wurdest du in jeder Form und in jeder Faser deiner Wesenheit. Du warst Mir ein reines Schlachtopfer deiner Liebe. So denn kann Ich dir anvertrauen höhere Aufgaben für Mein Reich.

Mit Mir wirst du tätig sein auf gleicher Ebene. Wisse, daß du alles in Meinem Namen vollziehen kannst. Der GEIST Meiner Liebe wird dich leiten. Angepaßt deinem Vermögen wirst du Aufgaben in Meinem Reiche tätigen zum Heile und Aufstieg der Seelen.

Du wirst immer geleitet werden. Nichts kannst du aus dir selbst tun. Darum vertraue Mir in deinem Unvermögen und deiner Verzagtheit. Alles wird sich wunderbar in und an dir gestalten.

✺

Deiner Liebentfachung sind keine Grenzen gesetzt. So du Mich mit deiner Geistseele liebst, zutiefst in deiner ganzen Wesenheit, werde Ich Mich dir unverhüllt zu eigen geben in Meiner göttlichen Fülle. Liebe, pure Liebe ist Meine göttliche euch begreifende Wesenheit, die Sich dem enthüllt, der sich nach ihr sehnt und Mich nach seinem Vermögen zu lieben vermeint. Ich komme dem Mich Liebenden immer entgegen in Form Meiner Barmherzigkeit und Liebe.

Der leiseste Hauch eures Wollens auf dem Wege hin zu eurem GOTT und VATER, wird berührt von der Dynamik Meiner Gottheit. Zu unbegrenzten Möglichkeiten verbinden diese Kräfte die Pole gegenseitigen Liebens.

Ausgefüllt werden die Unebenheiten, die Tiefen der Niederung der menschlichen Schwachheit, so sich eine Seele Meinem Wollen und Meiner Liebetätigkeit überläßt.

So kann Ich die jeweilige Seele heranreifen lassen in die Sphären hochwertiger Welten, um sie einzuschulen in die Kraftfelder jener Geistwesen, die Meine Pläne in allen Seinsbereichen ausführen.

Was immer eine Seele bewegt, zu ihrem geistigen Fortschritt beizutragen, ist Erfüllung und Anstieg ihrer Wesenheit. Ungeahnte Erkenntnisse offenbaren sich jener Seele, die stufenförmig sich in höhere Regionen der Geistwesen emporschwingt. Nie werden ihrem Aufstieg Grenzen gesetzt.

In die höchsten Himmel kann sich eine Mich über alles liebende Kindesseele emporheben, so sie sich jene Liebeskraft zu eigen macht, die sie hinaufträgt in Meine Arme, um sie an Mein Herz zu drücken. Was ICH, der VATER, einmal in Meinen Armen halte, lasse ich nimmer los.

Nur die Liebesgewalt einer Seele gestaltet sich ihren Himmel selbst. Ihre Willensfreiheit vermag sie in die höchsten Höhen der Geistwelten emporzutragen.

ICH, euer Schöpfer aller Himmel und Welten, bin GEIST! So will ich von allen Geistwesen im Geiste angebetet und angesprochen werden!

Ihr seid Geist von Meinem Geiste, von allen Ewigkeiten her. Wie alle Himmel und Welten um den Urpol kreisen, so sollen sich bewegen und hinordnen alle Geistwesen hin zu ihrem UR-GEIST.

❧

Erkenne dich in Mir! – Im reinsten Kristall geschliffen auf feinste Art, strahlt deine Wesenheit in Mir auf. Geborgen in Meiner Liebe zeitigst du die Werke Meiner Liebe, geläutert in dieser Meiner Glutliebe vollziehst du Meinen göttlichen Willen.

❧

Zur wundervollen Einheit ins ewig Göttliche vermag sich eine Lichtseele emporzuschwingen bis hinauf in die höchsten Himmel. So eine Seele diesen Aufstieg in sich vollzieht – eben nur auf dem Wege der Liebe – wird sie getragen von der Gegenliebe, der URLIEBE in GOTT, dem Schöpfer allen Seins.

Im gleißenden Licht erkennt sie die Bahn ihres Anstieges. Von Stufe zu Stufe erreicht sie die Höhen der Erkenntnis vorhandener Sphären. Hat die Geistseele diese ihre Bewegungen – hin zum VATER – erkannt, wird all ihr Denken und Tun auf diesem Höhenpfad von ihr abgestimmt.

Jene Gottesliebe, die sie in sich erkannt hat, der sie nunmehr alleine lebt und unterstellt ist, wird Sich ihr offenbaren. Sie vernimmt in stiller Zwiesprache die zärtlichsten und der Seele belehrenden Worte ihres Schöpfers. Sie horcht auf jede Regung und folgt der Spur des immer gleichklingenden Rhythmus göttlicher Wesenheit.

Im Bewußtsein göttlicher Gegenwart entspringen fühlbar für die Seele immer neue Quellen höchster Wonnen. Wer einmal in sich diese Liebesausströmungen erfahren hat, ist nicht mehr fähig, sich von Meinem Vaterherzen zu trennen, denn jene Geistseele besitzt in Mir den Himmel aller Himmel.

So verlangt Mein Gottesherz danach, ein jedes Geistwesen durch diese Meine Herzens-URLIEBE an Mich zu ziehen.

۞

Dir aber, Meinem allzeit geliebten Kinde, gebe Ich heute erneut Mein eigenes liebendes Herz, als Gegengabe für das deine. Ich lebe ja in dir nach Meinem Wollen in ständiger Gegenwart Meiner Gottheit als dein VATER in CHRISTUS JESUS. Nie habe Ich den Tausch, den wir vor Jahrzehnten vollzogen, zurückgenommen.

Meine Größe wird sich in dir offenbaren. Genieße die Frucht deiner Liebe zu Mir, deinem Tabernakel-König.

Es ist unsere erneute gegenseitige Hingabe – Herz für Herz – Liebe für Liebe – Mein blutiges Martyrium gegen dein unblutiges Martyrium.

Du Kind Meiner Liebe, in welche Glutliebe wurdest du eingetaucht? Erkenne dich in Mir Selbst! Auslösen wirst du die Fesseln, die dich noch gebunden halten von der Schau des großen Lichtes.

۞

Erkenne in dir Meine göttlichen Eigenschaften. Diese gleichen die deinen aus und verwirklichen dein Denken und Handeln nach Meinen Prinzipien.

Eine Geistseele, die sich Mir überantwortet, lebt im Frieden in sich selbst, da sie alles Vertrauen in Mich setzt. Keine Sorge bedrückt sie, da Ich, ihr VATER, um alles, wessen die Seele geistig oder materiell bedarf, besorgt bin! Ihrem Wunschdenken komme Ich oft zuvor, so daß sie erstaunt die Erfüllung ihres Wunsches vor sich sieht. Es ist nur zu begreiflich, daß dann dieses Mein Kind in stiller demütiger Dankbarkeit vor Mir, ihrem VATER und Geber, niederfällt.

So wissen sich Meine wahren Kinder in Liebe umsorgt und umhüllt von göttlich-väterlicher Huld und Erbarmung. Die Dankbarkeit, die von solchen Meinen Kindern der Liebe ausströmt, zeugt von höchster Kindesliebe und ihre Geborgenheit in Mir macht sie frei und glücklich im alltäglichen Leben. Der Gegenpol kann an diese Kindseelen nicht mehr herankommen.

❀

Gib Mir deine ungeteilte Liebe! Liebe Mich mehr denn je – dann wirst du erkennen und vollbringen.

Schau ganz tief in deine Seele – in ihr sind alle Ewigkeiten geborgen.

❀

Ausstrahle der Liebe Sehnen, da reif ist die Frucht ihrer Tätigkeit. Vollbringe die Auswirkungen der nunmehren Reifung. Meine hierfür bereitstehenden Engel werden dir beigegeben, um den neuen Aufgaben gerecht zu werden.

Erfülle die Potenzen Meiner Allmacht mit der Liebetätigkeit göttlicher Wesenheit. Trete hin in deiner Eigenschaft als Vollbringer Meiner umfassenden Liebe. Ich, dein VATER, wirke in dir und durch dich. Kraftvoll wirst du Meinen Plan verwirklichen.

❀

Du wirst zeugen von Meiner Liebe! Alle Gebundenheiten sind dir genommen. Du unterstehst keinem Gesetze, da die Liebe dich frei macht und lösend dir die geistige Freiheit gab. So achte denn nicht gewisser Vorwürfe von Menschen, die meinen berechtigt zu sein, dich zu korrigieren.

Ich, dein GOTTVATER, habe dich frei gemacht von jeder irdischen Hemmung und Bindung. Einzig und allein wirst du frei sein für Meine Belange, die dich hinordnen zu einer Tätigkeit in Mir.

※

Häufen werden sich die traurigen Ereignisse, die dem Gerichte vorangehen. Meine Kinder wurden geschult, kraftvoll und liebeströmend in Meinem Auftrag an den Seelen tätig zu sein. Gleich den himmlischen Wesenheiten werden meine Kinder hier auf Erden gemeinsam mit diesen ihre Aufgaben vollziehen, den suchenden und hilflosen Geistseelen beizustehen. Sie kennen die Bereitschaft, in Meinem Namen zu wirken.

Immer mehr verdichten sich die dunklen Wolken, sichtbar am Zeitgeschehen und unsichtbar in den Seelen. Diese Ballungen schließen sich in unheimliche Verfinsterung zusammen, so daß kein Lichtstrahl die Poren jener Dunkelheit erreichen kann.

Meiner Kinder Reichtum bin Ich! Im Einssein dieser Meiner Glutliebe durchbreche Ich die Schranken Meiner Gerechtigkeit und lasse ausströmen und durchfluten Mein Licht Meiner barmherzigen Liebe über alles Erschaffene.

※

Willst du das völlige Einssein mit Mir, deinem VATER, begreifen, wirst du hinabsteigen müssen in die Tiefen deines Geistes. Wer vermag diese Tiefen zu erfassen in der Form jener Bilder, die die Seele in sich aufzunehmen vermag? Diese Formgebung wird nach und nach von der erfolgten Glutliebe – hin zum Zentralpunkt und Urpole allen Liebens – gesteuert.

Aus dem Allerinnersten dieser Liebes-Zentralsonne allein quillt die Lichtfülle in die jeweilige Geistseele, die einzig und allein Mich, den Schöpfer, liebt und nur Meinem Willen lebt. Der Liebe Weisheit wird sich immerzu diesem Geiste offenbaren, daß erfüllt werden die Worte: 'Vom ewigen Leben'!

So liegen denn auch in diesem erkannten Leben geborgen die wechselseitigen Phasen geistigen Aufschwingens: Ständiger Kampf und Schmerz und Leid der Seele sind die Sprossen zum Hinaufsteigen jener geistigen Sphären, die den großen Seelen vorbehalten sind.

Selbstwollend, und nur zu oft sich allein überlassend, steigen diese liebentbrannten Seelen von Sphäre zu Sphäre, um die höchsten Himmel zu erreichen. Ihr selbsttätiger Geist ersehnt die heiligste Liebe, die ausbricht aus dem Urfunken im tiefen Innern dieser seiner Wesenheit.

Ein Geist aus Meinen Himmeln hat auf dieser Erlösungserde andere Voraussetzungen und Aufgaben zu erfüllen, als die Kinder dieser Erde. Gleich Mir haben sie Fähigkeiten, die dem höchsten Geiste eigen sind. Diese ihre Kräfte werden eingesetzt, wenn sie in ihrer Eigenschaft vonnöten sind, welche da sind: Unordnungen und Unlauterkeiten Meiner Gesetze und Gebote, Gefahren und Unvorsichtigkeiten des äußeren Lebens.

Meine Kinder erstarken in sich selbst, so sie jegliche Gefahr der Seele und des Leibes an sich und ihren Mitgeschöpfen erkennen. Wirksam treten sie dem Gegenpol entgegen.

Äußerste Wachsamkeit vollzieht sich in ihrem Geiste, immer bereit, Meinem Willen zu gehorchen. Alles um sich vergessend, dienen Mir Meine Liebesseelen – Meinem Plane gemäß – zur Miterlösung aller Gebundenheiten auf diesem Erlösungssterne.

Öffne deine Seele und laß hervorströmen die Quellen deines Lebens. Sie werden sich ergießen in den Urquell allen Seins.

Aus ihr hervorgegangen – aus diesem Uranfang – der Zentralsonne des All-Lebens, wird deine Seinsform sich ausbilden und gestaltend sich einhüllen in Seine Wesenheit, die da ICH BIN, nach Meinem Bilde.

In euren Geistseelen muß Mein Licht, Mein göttlicher Funke, sich herauskristallisieren zu einer Leuchtkraft, die weithin sichtbar ist in den geistigen Sphären.

Eure Ideen-Gedanken, die gleich Funken und Strahlungen aus diesem Licht- und Sonnengebilde wetterleuchten, bringen in sich Schöpfungen hervor, die gesetzmäßig sich in den Räumen des Weltalls zusammenballen zu einem einheitlichen Ganzen.

Erst in der Geistwelt werdet ihr erkennen das große Aufbauwerk eures eigenen Geistes! Ein Baustein wird auf den anderen gesetzt und ein Gefüge folgert dem andern, bis die Vollendung jenes Werkes in aller Pracht, dem Plane gemäß, dasteht.

Meine Geliebte! Du Werkzeug Meiner Liebe! Mit welcher Freude sehe Ich deine Bemühungen, dich hineinzuarbeiten in die geistigen Fähigkeiten deines Selbst. So ist dein Herz voll Dankbarkeit erfüllt, da dir Meine spürbare Hilfe Beweise Meiner zärtlichsten Liebe gab.

Nur dem inneren Geiste aus dir tätig, überwandest du das Kranke deines Körpers. Gemeinsam werden wir die Schwächen, von denen dein Körper anfällig ist, überwinden. Sorge dich nicht! Mein Wille war es, daß diese Körperschwäche dich stets fühlbar belastete.

Von Meiner Kraft allein abhängig konnte sich dein inneres wie äußeres Leben gestalten und ausbilden bis zum heutigen Tage. Unter Meinem Schutze und Meiner alleinigen Führung vollzog sich deine Hinwendung zu Mir, deinem VATER.

Die Fähigkeiten einer Geistseele werden jeweils von der sie erfassenden Liebe ausgestrahlt. Nichts vermag sie ohne dieselbe auszurichten auf geistigem Gebiet, will sie fruchtbar wirken.

Aus ihrem innersten Gottesfunken heraus, erkennt und übernimmt sie die planmäßigen Aufgaben, die ihr von Ewigkeit dazu bestimmt sind, dem Gottesreiche zu dienen.

So wie Ich – die Urwesenheit allen Seins – in Meinem stetigen Wollen und Meinem schöpferischen Gestalten immerzu tätig bin, im gleichen Rhythmus werden dies auch die von Mir berufenen Geistwesen sein, gleich, wo sie sich befinden. Mein Weinberg ist übergroß.

Nicht jener Weinberg, der sichtbar auf Erden steht, ist damit gemeint, vielmehr der geistige, der da ist in allen Sphären – allen Tiefen und Höhen – auf allen Sternenwelten des ganzen Universums. Mein Gottesreich umfaßt das ewige All, welches ist das ewig sich Erneuernde und sich ins Vollkommene einzureihende Lebensprinzip.

Leben und Dasein sind Urbegriffe. Geformt vom Ur-Lebewesen, dem URGEISTE; angepaßt dem Grundprinzip der Wesensart, für welches sie gezeugt und ausgebildet werden.

Kostbar ist jedes Embryo in seiner Eigenart! Hineingestellt in die ordnungsmäßigen Daseins-Welten, werden sie sich hinordnen dem Göttlichen.

❦

Du wirst erfahren die Wahrheit, sie wird sich dir offenbaren. Liebe Mich ohne Unterlaß, denn nur diese bringt dich zur höchsten Weisheit. Es gibt keine Grenzen, denn das göttliche Ziel ist: Unendlichkeit!

❦

Nimm von der Kraft, die in dir ruht, und vollbringe die Werke, die dir Aufgabe sind. Meistere dein Selbst und lasse ausführen die Gewalten geistiger Kräfte.

Du vermagst Großes zu vollbringen Dem, der dich zu diesem Zwecke ausbildete. Mein Wille ist es, dich zu krönen mit diesen Fähigkeiten hier auf Erden, um den Menschen zu dienen.

❦

Erfahre in dir Mein heilig WORT. Es ist das A und O deines Aufstieges in Meine Himmel.

Suche die Ruhe in und außer dir, damit du Meinem WORT jederzeit aufnahmefähig bleibst. Halte alles fern von dir, was nicht unbedingt von dir gefordert wird.

Die Stunden, die nutzlos für die Ewigkeit vergeudet werden, die Ich, euer VATER, euch aber gab zur Lösung eures gefesselten Geistes, sie verrinnen im Sand.

Ein Himmelsgeschenk ist das Dasein eures Erdenlebens, dazu angetan, euch emporzuarbeiten zu den höheren geistigen Sphären. Ich Selbst, euer VATER in CHRISTUS JESUS, zeigte euch den Weg durch Meine Lehre und Mein Leben auf dieser Erde.

Das Größte und Heiligste ist in dir! In unbegrenzter Form ist Mein Sein in dem Dasein deines Selbst.

In der Unbegrenztheit Meiner Wesenheit, die ja ein Dasein voraussetzt, liegt die ganze Fülle Meiner Gottheit in allen Bereichen, sei es auf geistiger oder natürlicher Basis.

In jedem atomaren Etwas, ob in seiner Substanz frei oder gefestigt, wirkt sich die Unendlichkeit Meines Geistes aus. Unnennbare Daseins-Welten und -Formen sind dem eigentlichen Leben dienstbar und folgen sich in Unbegrenztheiten nach den oberen sowohl nach den unteren Dimensionen hin.

✿

Warum rufst du Mich so oft bei Meinem Namen? Ich bin doch in dir, bei dir. Du bist nie allein. Ich bin das Domizil all deiner Sehnsucht. Dein VATER in dir ist es, der in dir alles bewegt, damit unser Einssein nicht gestört wird durch die Nebensächlichkeiten des weltlichen Lebens.

Ein Kind, welches Ich Selbst den steilen Weg hinanführe, geht leicht und beschwingt den schmalen Gipfelweg. Wie herrlich wird die Aussicht sein, so du ihn vollends erreicht haben wirst. Die Himmel stehen dir offen, und vereint mit den sonst unsichtbaren Geistwesen wirst du Meine Schöpfungen in dir erfassen.

Suche die Wahrheit allein in Mir! Du mußt sie selbst in dir erfahren. Nur die allerreinste und glühendste Liebe zu deinem GOTTVATER läßt dich die Größe jener Wahrheit erkennen. Umsonst wirst du sie anderswo suchen und finden.

Allein Meinem und deinem Willen entsprechend wirst du in Klarheit alle letzten Hürden überspringen und die Macht und Kraft, die aus Meiner Urliebe herausquillt, an dir erfahren.

Ich habe dich geformt nach dem Maße Meines SELBST, als Durchfluß an die Kinder Meiner Liebe. Ein Rohr bist du, wo Ich hindurchleiten werde, die Überfülle Meiner Liebe zu Meinen Geschöpfen.

Lasse an dir geschehen die Unversehrtheit Meines Wollens. Hineingestellt in diese Erdenfinsternis wird Mein Licht in dir erglänzen zur sichtbaren Seinswelt allem Göttlichen. Was immer auch an dir geschehen wird, ist Ausdruck höchster Liebe und Erbarmung für die Kinder der Welt.

Vieles wird sich in naher Zeit ereignen, sei es im Bereich dieses euren Planeten, sei es auf geistiger Ebene. Meine Erdenengel wurden geschult, jeweils zur bestimmten Tätigkeit.

❧

Welten werden sich bewegen, wenn die Kraft der Liebe sich ausbreitet und diese Liebeausströmung die Herzen der Menschen erfaßt. Nur der Liebe ist es eigen und gegeben, alles neu zu formen und neu zu gestalten. Die Liebe verkörpert das Grundgesetz alles Geschaffenen und belebt die atomare Beschaffenheit jeglichen Seins. Die Liebe vollendet in ihrer Ganzheit die gesamte Schöpfung.

❧

Du vermagst in Mir und durch Mich alles. Mit außerordentlichen Kräften habe Ich Meine Kinder ausgerüstet. Mit eurer Willenskraft und Glaubfähigkeit könnt ihr selbst Berge versetzen. Über alle Kreatur dürft ihr verfügen, sie ist euch untertan, wenn ihr diese eure Kräfte rechtmäßig gebraucht.

Auch Seelen höherer Sphären haben die Möglichkeit, gezielt auf die niederen einzuwirken. Ihre Gedankenkraft ist einflußreich auf jedwede Geistseele.

Bei jenen Menschen, da ein Wortgefüge nicht angebracht ist, kann man sich der verborgenen Gedankenwelt bedienen, um die jeweilige Seele hinzubewegen in die Geistesrichtung des Guten und Besseren. Vermöge der in euch ruhenden göttlichen Kräfte, arbeitet ihr als Meine schon im Geistesleben fortgeschrittenen Kinder ordnungsgemäß für Mein Gottesreich. Stufenmäßig werdet ihr eurer Aufgabe bewußt. Zu dieser werdet ihr eingeschult und geformt, hin zur geordneten Tätigkeit in Meine Bereiche.

Die Außenlebens-Sphäre der Seele bewirkt eben diese Kraft, die fühlend, hörend und sehend sich äußern kann. Diese Kraft, die nur dem aus Mir wiedergeborenen Menschen zuteil wird, erfaßt in sich Meine Schöpfungen und wird sie gleich Mir zur Ausführung bringen.

Das ist die wahre Lebenskraft einer vollkommenen Menschenseele, die durch rechte Demut und Geduld, in der Hauptsache aber in der tätigen Liebe zu Mir und der daraus folgenden Nächstenliebe hervorgehen wird.

✺

Erfüllt ist die Zeit, die dir diente zum Ausreifen deines Geistes. Du wirst nun wiederum eingestuft in die Sphäre des höheren und erkenntnisvolleren Daseins. Mit deinen von Mir geplanten Aufgaben vereinen sich dir Meine höchsten Engel, die dir beistehen werden.

Du wirst an deiner ganzen Wesenheit erfahren, wie es ist um eine von Mir ausgebildete Geistseele, die sich vollkommen auf die Belange des Göttlichen eingestellt weiß.

Suche in dir jene Punkte zu erforschen, in denen du Klarheit suchst. Mein Licht genügt dir, um selbst tätig zu sein, um das Reine, das Wahre – das die höchste Weisheit ist –

46

zu erkennen und zu erfassen, soweit es deinem geistigen Vermögen entspricht.

Du wirst in Kürze vieles in und an dir erfahren, was dienlich deiner Aufgabe sein wird. Doch sei und bleibe deine höchste Aufgabe die: Mich, deinen VATER, maßlos und glühendst zu lieben! Nur diese, ins Grenzenlose sich steigernde Liebe, bringt dich Mir näher. Sei immer erfüllt von dieser Liebesglut, die auch alles in und an dir verwandeln wird.

ICH, dein Schöpfer und VATER, kann Mich jetzt dir gegenüber nur in diesen dir verständlichen Worten äußern. Bald aber wirst du dieser nicht mehr bedürfen, da wird dir Mein göttlicher Wille so schau- und erkennbar sein, daß es keiner menschlichen Sprache mehr bedarf zwischen Meinem und deinem Geiste. Erkenne in dir die Lichtausstrahlungen Meiner GOTT-WESENHEIT an deiner Geistseele, um dich ganz eins werden zu lassen mit Mir, deinem himmlischen VATER.

❧

Mich lieben kann nur, wer Mich sucht und Mich gefunden hat. Wer Mich aber erkannt hat, wird in seinem Innersten so ergriffen, daß er gar nicht anders kann, als Mich zu lieben. Und wer Mich liebt, liebt auch den Nächsten.

Eure Welt wäre gesund und hätte keine Probleme, wenn ein jeder den anderen mit dem Maße messen würde, mit dem er sich selber mißt. Fanget an die Liebe zu leben! Wie wollt ihr Mich lieben, wenn ihr nicht euren Bruder oder eure Schwester liebt, die ihr sehen könnt.

❧

Ich will es, daß deine Seele ringt um die wahre Erkenntnis dessen, was du zu glauben dir zur Norm gemacht hast. Ein purer Glaube allein gibt dir keine Festigkeit. Der Seele Geduld und Demut wird dir das große Geheimnis offenbaren und offenlegen.

Meine Kinder sollen in allem erstarken, was da göttlich ist. Daher ist es recht und gut von dir, daß du dir die Klarheit bis ins kleinste verschaffst. Nur so wirst du überzeugend dich für Mich und Meine Belange einsetzen können.

Dein himmlischer VATER will sich wahre Kinder erziehen, die aufrecht und heiter jedem anderen Geschöpf gegenüberstehen. Suche weiter in dir zu erforschen, was da rechtens ist. Mit Meiner Macht und Meinem Willen vermagst du alles. Die Liebe öffnet dir der Weisheit Tore.

Vermöge der geistigen Fähigkeiten der Mir gehörenden Seelen wird es sich geben, daß diese sich in die weltenweiten Sphären mittels höherer Schau und Erahnen versetzen können. Diese so ausgebildeten Seelen haben ständig Kontakt mit den geistigen Welten und ihren Bewohnern.

Meine Kinder dieser Erde haben kraft Meiner Lehre und Meiner Ausbildung jene göttlichen Geistesgaben, die auch die jeweilige Seele befähigen, an Meiner statt jenseitige und diesseitige Aufgaben nach Meinem Wollen auszurichten.

Gemeinsam mit der Engelwelt vollziehen sie in ihrem Aufgabenbereich den Erlösungs- und Erneuerungsprozeß Meines Gottesreiches. In großen Dimensionen vollziehen sie – diese Meine Kinder – das Miterlösungswerk.

Gestaltend werden diese Seelen die neue Erde verwirklichen helfen. Zu dieser Aufgabe werden Meine Kinder geschult und nichts bleibt ihnen an innerer und äußerer Not erspart, und in allen Höhen und Tiefen werden sie erprobt, um sie zur Fähigkeit für diese göttliche Tätigkeit zu formen.

In dieser großen Wendezeit sind diese mitgestaltenden Seelen nahezu vollendet, und ihrer Aufgabe vollbewußt harren sie Meiner, um als Meine Werkzeuge tätig zu sein.

ICH, der VATER aller Himmel und Welten, sammle Meine Kinder aus allen Völkern dieser Erde, damit sie sich um ihren Hirten scharen, Der sie Selbst führt ins Reich Seiner Herrlichkeit und Seines Lichtes.

Wahrlich ist es so, daß nicht dein, sondern Mein Selbst dich anspricht, dich führt und dich ordnet. Kinder, die auch im Geiste wiedergeboren, reifen von Sphäre zu Sphäre und gleichen sich dem Göttlichen mehr und mehr an.

In Vollendung ihres Geistes werden sie tätig gleich Mir, in allen Bereichen Meiner Schöpfung. In Harmonie des Ewigen gleitet die von Mir erfüllte Geistseele in ihrer nunmehren Beweglichkeit ins ufer- und grenzenlose Gottesreich. Ihr Sein weiß sich hingeordnet dem Willen Meiner Macht und Kraft, die sich aus Meinem URSEIN formen.

So wisse denn, daß ICH, euer himmlischer VATER, unter und mit euch lebe in Wahrheit und in der Wesenheit, in der du Mich erkannt hast. Mag der Verstandesmensch dies in sich auch nicht erfassen, es ist dennoch so.

Sollte denn Meine Liebe zu dir nicht größer sein, als die deine zu Mir, dem URPOL aller Liebe? So, wie Ich über deinen Geist verfüge, so steht auch Meine Herztätigkeit zu deiner Verfügung. Nimm aus ihr alle Fähigkeiten und mache sie dir zu eigen. Unaufhaltsam gehen Meine Liebesströme in dich ein, und so lasse sie ausströmen, gleichwohl mit Meiner Kraft und Macht.

Dein Selbst, welches du Mir stetig anvertraust, und deine grenzenlose Hingabe an Meinen allein heiligen Willen, werden dir Sphären öffnen, die in hinreichenden Dimensionen ihre Erfüllung finden.

Ein neuer Abschnitt deiner Reifung wird sich in dir vollenden. Meine Allmacht geleitet deine Wesenheit in Zonen ewigen Seins.

Meine geliebten Kinder werden vor Aufgaben gestellt, die nicht ihresgleichen haben. Höhere Geistwesen werden sich mit euch vereinen, um mit euch die Bereiche eurer Aufgaben zu tätigen.

Mit welcher Geduld und Liebe habe Ich dich all die Jahrzehnte geformt, um dich brauchbar für Meine Pläne auszubilden.

Gehütet habe Ich unsere Zweisamkeit, damit du dich frei entfalten konntest in Meiner dich allezeit umfassenden Liebe.

Dein Sein lag in Meinem Schmelzofen, und so konnte nur das lautere Gold der unversehrten Liebe aus deinem Geiste ausfließen.

Du Meine Taube, wenn Ich dich für kurze Augenblicke hinaussende, um Meinen Willen auszuführen, so fliegst du ja alsbald wieder in das Herz deines Vaters zurück, um gestärkt und angereichert zu werden zu einem neuen Auftrag Meiner Pläne.

Sei erfüllt von Meiner heiligen Nähe! Koste sie in ihrer vollsten Ausströmung und überlasse dich dieser, höchsten Sphären angleichenden Auswirkung.

Meine Himmel sind überall wo auch ICH bin! Sollte Ich denn nicht auch Meinen Kindern hier auf diesem Erdenplaneten die wahre Ewigkeitsliebe zu kosten geben, um sie für die großen Aufgaben zu stärken?

Sicht- und spürbar Meinen Kindern, stehe Ich neben diesen, damit sie die gleichen Werke tätigen, denn Ich. So sind sie die ausführenden Glieder Meines Seins, die Meine Pläne verwirklichen.

In Meinem Licht eingetaucht, vermögen die von Mir auserwählten Kinder nur die wahrsten und reifsten Früchte zu ernten, die unverkennbar aus dem Boden ewiger Liebe hervorsprießen.

Unendliches Leben sprüht aus den Funken ihrer Augen – in seliger Beglückung ihrer Seins-Wesenheit!

❧

Du hast in dir das große Geheimnis erfaßt, was ich dir darlegte, in Bezug der Frau und Mutter aller Welten.

ICH Selbst bin alles in Allem! Denn Göttliches kann nur aus Göttlichem geboren werden!

So schickte Ich Meine ausströmende Liebe voraus, um Meine Liebe im Menschenkleide umzugestalten, die sich in der erniedrigenden Demut und erbarmenden Liebe den Kindern dieser Erde offenbarte als der JESUS-VATER.

Die Reinheit dieser offenbarten Liebe, die makellose Zeugung dieser göttlichen Wesenheit, wird immerdar die Unversehrtheit ihrer lebensspendenden Zeugungskraft aus Sich, dem UR-GEISTE, gewährleisten.

Nie konnte und wird es je geschehen, daß das ewig Göttliche aus dem UR-GEISTE heraus Sich in eine andere Form oder in eine andere Wesenheit dem Menschenkleide nach, einzeugt. Wie könnte ICH, Der ewig Seiende aller Unendlichkeiten, Mich der erschaffenen Materie unterordnen und von dieser Mir zeugen lassen das schaffende Leben?

❦

Alles was da ist, ist aus Mir – gleich, welche Form es hat oder welche Weisheit es in sich birgt!

❦

Die geistigen Schwingungen, die dich erfassen und emporheben zum Lichte und Erkennen göttlicher Ebenen, entströmen dem Wärmegrad deiner Herzensliebe.

In Berührung Meiner Ausstrahlung in dir – unserer innersten Begegnung und Zweisamkeit – werden die Lichtfunken zu Flammen.

In diesem Feuer der gegenseitigen Liebe werden deine Unzulänglichkeiten ausgemerzt, damit du in Reinheit vor Mir bestehen kannst.

Im Glanze dieser Reinheit wird das Scheinbare der menschlichen Räumlichkeiten gleich einem Schleier vor deinen Augen verschwinden, und du wirst schauen die Herrlichkeiten deines VATERS – Der in dir ist, in deinem Tempel.

❦

Warum macht ihr so Wesens daraus über diese und jene Gabe, die Ich austeile über einzelne Meiner Kinder. Im Jenseitigen sind diese geistigen Tätigkeiten eine Selbstverständlichkeit.

Achte doch jeder darauf, daß er seine Geistseele nur auf Mich, euren VATER konzentriert – und nicht hier und da zu erhaschen sucht, was eine andere Seele ihm voraus hat.

Vor dieser Geistes-Sucht habe Ich dich bewahrt, und du erkennst die Notwendigkeit.

Das übermächtige Sehnen in dir ist die Auswirkung deines Liebens. Jene Liebe, die nirgendwo anders ihre Erfüllung findet, denn in Mir, Deinem VATER der Urliebe.

Kraftfelder höherer Dimensionen und Zentralpunkte höchster Grade ewigen Seins haben deine Wesenheit eingehüllt und erheben deine Geistseele in Sphären charismatischer Ebenen.

Erlebe denn wiederum das der Seele beglückende, raumlose Ewige, das dich ahnen läßt das immer Seiende Meiner Liebe im Dasein Meiner Schöpfung – auch in dir als Meine Schöpfung, dem Abbild Meines Selbst.

Erkenne in dir die Ursache und den Endzweck Meines Schöpfer-Geistes, und was Mich bewog, euch, Meine Kinder, hinauszustellen in die verschiedenen Sphären des gesamten Schöpfungsbereiches.

Nicht wohlklingende Worte aus dem Munde Meiner Kinder sind es, die eure Seelen emporheben und sphärische Schwingungen verursachen – allein die stille, gemütsvolle Herzenserhebung in ihrem Liebenwollen ist Ursache heiliger Bindung zwischen Mir und eurem Geiste.

In voller Verantwortung eures Bewußtseins dringt die Geisteskraft in euch durch und eint sich – eurem Wesen angepaßt – mit dem jeweiligen Grade höherer Sphären.

Wenn auch nicht sichbar eurem irdischen Auge, so lebt ihr doch dem Geiste nach in Ewigkeiten und Räumen, die eurem Geistesvermögen entsprechen.

Jedes Meiner Kinder hat eine andere Aufgabe auf sich genommen. So siehst du die verschiedenartigen Meinun-

gen, Einstellungen und Gebete, die Meine Gottesherr-
schaft verherrlichen.

Der Wege zu Mir gibt es viele. Denke an die verschiedenen Rassen und Völker, die auch ihre Religionen, Sitten
und Gebräuche haben. Diese Vielgestaltigkeit aller Geschöpfe, selbst der Kreatur, bewirkt eben die mannigfa-
chen Auswirkungen aller Geistwesen.

Laß dich also nicht beirren, wenn eben solche Seelen diesen und jenen Kampf mit der Welt ausfechten.

Eine jede Geistseele sucht den Weg der Wahrheit auf
ihre Art, angepaßt ihrer Geistesrichtung. Auch muß es
so gesehen werden, daß astrale Bezirke entsprechende
Aufgaben auf sich nehmen, beispielsweise hinsichtlich
Kirchen und anderen Glaubensgemeinschaften.

Alle diese Verschiedenartigkeiten bewirkt der freie
Wille dieser Geistseelen, der, angepaßt ihrem Geistvermögen, seinen Höhenweg erkennt, mithin die Hinwendung zum Göttlichen. Auch wenn diese Wege – sollten es
auch manchmal Irrwege sein – über Tausende von Jahren
eurer Zeitrechnung nach dauern sollten.

Die Veranlagung jeder Seele bedingt diese vielseitige
Wegrichtung hin zu Mir, eurem GOTTVATER.

Aber wisse, daß Ich den Weg einer jeden Geistseele,
gleich wo sie sich befindet, überwachen lasse und es nie
versäumen werde, die jeweilige Richtung zu korrigieren.
Meine Engel vollziehen jene Führungen der im Men-
schenfleische wandelnden Seelen in Meinem Namen.

Etwas anderes ist es bei den Kindern, die mit vollem Willen und Wissen sich Mir, ihrem VATER, anvertrauen
und sich von Mir ausbilden und führen lassen zu besonderen Aufgaben und Tätigkeiten in Meinen Bereichen.

Diese Kinder führe und leite Ich Selbst. Daß sie hart und
in größter Hinwendung zu ihrem GOTTVATER geprüft

und gezeichnet werden, bezeugt ihre Liebes- und Opferkraft, die wahrheitsgemäß Meinem menschlichen Lebensweg angeglichen sind. Sie vollbringen Meine Werke
in Ausübung Meiner Gotteskraft.

☙

Dein Himmel bin Ich Selbst in dir. Suche Mich nicht anderswo. Es ist Deine Geisteswelt, deine eigene Schöpfung, die du in dir erarbeitest.

Von meiner Glutliebe erfaßt, bist du ein Funken dieser
Urglut, den Ich hinausgesandt, um auszustrahlen Meine
göttlichen Eigenschaften.

Erkenne nunmehr die Eigenart deiner Bitte von Kindheit an: 'Schenke mir einen Strahl Deiner Liebe!' Sei dir
bewußt, daß dieser Strahl deine Geistseele selbst ist, die
leuchtend ihre Strahlkraft in die Nähe wie in weite Ferne
sendet.

Dieser Liebesstrahl allein vermochte in dir Meine Heiligkeit zu ertragen, die dein Geist emporhob in Meine
höchsten Himmel.

Deine Wege über Golgatha ließen dich jeweils die Bitternis kosten.

Aber die Auferstehung in Meine Liebeshimmel wurden
angereichert mit den kostbaren Erfahrungen Meiner allzeit göttlichen Führungen jener Meiner Kinder, die sich
Mir gänzlich anvertrauen und sich Meinem väterlichen
Wollen unterwerfen.

Die vollständige Hingabe an Mich, den ewigen GOTT-
VATER, ist für eine jede Seele der sicherste und schnell-
ste Weg zu den geistigen Welten mit ihren unaussprechlichen Weiten und Höhen.

☙

In dieser Einhüllung Meiner Unendlichkeit wurdest du hineingetragen in das für euch Menschen unbegreifliche Gebiet höchster himmlischer Sphären.

Diese Berührung nahm Kenntnisse in dir auf, die dich dem Äußeren nach stumm machten, aber dich wissend, ahnend ließen von der ewigen, allerhöchsten Seins-Sphäre der Schöpfung. So wird dir diese erlebte Erfahrung anhaften und die Sehnsucht in dir erhöhen, jene Schwingungskraft zu erreichen, die in diesem Bereiche liegt.

Deiner menschlichen Seins-Wesenheit wurde eine Gabe gegeben, die dir fernerhin zur Aufgabe sein wird. Du wirst tätig sein in Meinem Reiche mehr denn je.

So werde Ich dir demnächst vieles offenbaren. Du wirst dich erkennen in deinem Geistwesen, um dir deine Tätigkeitskraft zu erleichtern. Ich werde dir höchste Geister gegenüberstellen, um mit aufzubauen das Reich Meiner Erbarmungen.

Es ruht eine große Last auf euren Schultern, da ihr die Vasallen Meiner göttlichen Ausführungen seid. Es müssen noch viele Meiner Kinder heimgebracht werden, und nur an euch liegt es, diesen den Weg zu Mir zu ebnen. So arbeitet kraftvoll in Meinem Weinberg.

ﷲ

Ich habe dich hingeführt in Mein Gezelt.

Im Reichtum dieser Ausströmungen wird sich erfüllen die Vollendung deiner Wesenheit. Mein Gnadenstrom wird nie versiegen, da sich die Schleusen des Urquells in diesem Meinem Gezelt geöffnet halten.

Du bist eigens geweiht und gesegnet worden zu deiner Arbeit für das Gottesreich. Ich gab dir insbesondere Meine Kraft und Stärke für deine Tätigkeit.

56

Spürbar vollzog sich an dir Meiner Gottheit Macht und Größe. Meine Gegenwart ergreift deine Geistseele bis ins tiefste Innere. Du erlebst in Wahrheit eine Zeitspanne höchster Seligkeit und kostest die Sphären der Gotteswelt.

Deine Sehnsucht und Liebesglut ergießt sich in den Strom Meiner Urglut. Ja, du erlebst Mich in Meiner Gottheit Fülle.

Meine Herzensbraut, koste nur immerzu den Balsam, den Liebestrunk, den Ich dir reiche. Angefüllt mit all Meinen göttlichen Fähigkeiten, wirst du imstande sein, suchende Seelen zu Mir zu führen.

***

Daß die Demut dich zurückhält, Meine WORTE niederzuschreiben, ist lobenswert. Doch wirst du wissen, daß es zu Meiner Ehre geschieht, und es in Meiner Allmacht und Weisheit liegt, Meine Kinder zu orientieren und zu schulen in der Hinwendung zum Ewigen.

Wenn sich in deinem ganzen Sein die Vollendung göttlicher Eigenschaften abzeichnet, so ist es ein Beweis, daß du mit den Geisteskräften gearbeitet hast, die diese Höherentwicklung tätigten.

Machtvoll gestaltet sich der Ausbau Meines Gottesreiches. Jedoch brauche Ich dazu euch, als Meine reinen, demütigen und Mir hingegebenen Werkzeuge, die sich führen lassen von der machtvollen Liebe des Ewigen VATERS.

Meine Geisteskraft ist groß in euch, daß ihr alles in Meinem Auftrag vollbringen könnt.

***

Man läßt nie etwas –
ohne daß man Größeres gewinnt!
Ich trage und opfere, nicht du.

In den Tiefen deines Herzens erfühlst du die göttliche Wesenheit. Es ist dir Erkenntnis, daß die Wirklichkeit des ewigen Gottseins in dir thront.

Alle bestehenden Eigenschaften Meines Seins strahlen in dir auf durch die Berührung Meines Geistes. Meine Schöpferkraft teilt sich dir ununterbrochen mit und läßt dich teilhaben im Formen der Worte und des Handelns.

So vollzieht sich meine Gegenwart in den Seelen Meiner Kinder. Es ist eine Umwandlung, ein Streben und Erheben hin zum Wahren und Reinen.

Wenn die Vollkommenheit, die im ewig Seienden erkannt wird, in eurem Bewußtsein erwacht, dann erkennt die jeweilige Seele die nominale Hinwendung des gleichen Prinzips.

Die Sehnsucht zieht das Sehnen an – die Liebe das Lieben – das Reine die Reinheit und das Wahre die Wahrheit.

Die Demut und das Selbstlose in einem Geiste bringt diese Annäherung hin zum Göttlichen. Der Aufstieg einer Seele ist allein bedingt in der Seele fühl- und erkennbaren Hinwendung zu GOTT, dem Schöpfer allen Seins, aller Dimensionen und Universen.

Ist die Hinwendung erkennbar, das Sehnen spürbar und der Liebevollzug in allem sich Äußernden sichtbar, geht es mit dem geistigen Aufstieg schnell voran. Die Liebe besiegt ja alles.

In der göttlichen Seinsliebe sind alle Kräfte jeglicher Macht geborgen. Alle diese Nuancen erlebt die gottnahe Seele und gleicht sich nach und nach den göttlichen Sphären an.

Dieses Liebelicht, was von Mir hin zur aufnahmebereiten Seele strömt, wirkt sich im Empfangenden zu Meiner Verherrlichung aus, da die Rückstrahlung aus diesem Geiste weithin sichtbar sich gestaltet. Das Unendliche wurde an das Endliche gekoppelt durch die Anziehungskraft gleicher Strahlen. Diese Auswirkungen sind enorm.

Empfange du selbst Meine Strahlenkraft in großer Fülle, denn eingetaucht bist du in Mein Liebeszentrum, da über dich Mein Kraftstrom hinausfließt in deine Umwelt.

Als Mein Liebeswerkzeug wurdest du hinausgestellt, gleichsam als ein Leuchtturm in die Dunkelheit dieser Welt.

❦

Deine Reinheit ist umfassend und bezieht sich größtenteils auf deine Gedankenwelt. Wenn diese mit der reinen Liebeskraft verbunden ist, dann ist das Handeln, das Tun – ja alle feinen Nuancen der menschlichen Wesenheit – geprägt von der Kraft des GOTTGEISTES.

Alle Moleküle der geistig-körperlichen Beschaffenheit sind erfüllt und werden getragen von göttlicher Kraft.

Beschwingt und emporgezogen wird die Wesenheit menschlichen Daseins. Die Schwerkraft körperlichen Lebens hat sich verloren. Es ist ein beseligendes Hingleiten in Sphären höherer Dimensionen.

❦

Wie willst du das Erleben mit mir in Worte formen? Ist doch das Einssein mit deinem Seelenbräutigam von größtem Licht umstrahlt.

Die Opferkraft deiner Seele hat das Höchstmaß des Leidens erreicht. Ich habe diese deine Gabe in den bitteren Kelch deiner Leiden eingetaucht.

Du hast den Trank der Bitternis gekostet. Kein Menschengeist kann ermessen, welcher Leidenskraft deine Geistseele fähig war und ist.

Da du ein Teil Meinerselbst bist, Meine Geisteskraft dir zugeeignet wurde, vermochte diese deine Wesenheit das Maßlose an Bitternis zu ertragen. Es war deine Passion.

Kräfte, die ausströmen aus der Urkraft Gottes, haben dein Sein durchpulst und befähigen dich, pausenlos den Dienst an Meinem Missionswerk auszuführen.

Ich brauche Kinder voll reinster Wahrheit und göttlicher Liebesglut, die Mir selbstlos in Demut dienen.

Ich habe dich Mir bewahrt, damit nur Liebe aus dir ausströmen wird. Meine Liebeskraft konnte allezeit in dich einfließen, da du rein bist und auch immer warst.

Deine Leidensfähigkeit war in dir eingeprägt und brachte in sich Resultate, die einem unblutigen Martyrium gleichkommen.

Meine Pläne konnten sich in dir verwirklichen und zeugten von Gnadenfülle.

Alle deine inneren göttlichen Gaben sind dem Vollkommenheitsgrade ähnlich. Darum vermag deine Geistwesenheit sich dem Göttlichen voll und ganz zu erschließen.

Den Wert dieser Aussage kannst du weder begreifen noch erfassen, denn deine Demut und Bescheidenheit sind unverkennbar Mir gleichend.

Unerkannte Geisteskräfte erfassen dein Sein, wenn dein Geist mit dem Meinen im Einklang – ja im Gleichklang sich eint.

In diesem Einssein zu leben, in diesem Gottesbewußtsein zu arbeiten, setzt Fähigkeiten voraus, die in höhere Dimensionen hineinreichen.

Die Zeit ist nun erfüllt. Das Zeitgeschehen des Fische-Äons findet seinen Abschluß.

Jahrtausende dienten der Vorbereitung und der Entwicklung dieser Geisteskräfte. Wenn sich der allgemeine Aufstieg auch langsam vollzog, so einte sich die ballende, immer zeugende Gotteskraft in den ihr eigenen Formen von Gaben und vom Mitteilen.

Das Hineinwachsen, das Emporschwingen in die höheren Dimensionen ist der Weg einer jeden Geistseele, eines Geistwesens. Es ist der Weg eines jeden von Mir hinausgestellten Geistfunkens, daß er angefüllt mit seiner Seinskraft als ein Teil Gottes sich wieder eint mit dem Aussende-Zentralpunkt, um die ganze Energie der Einheit wieder zusammenzufügen in das gewaltige Schöpfungswerk Meiner GOTTHEIT.

Dieses gigantische Wechselspiel

- vom ewigen Sein
- von Meiner Schöpfung allen Daseins
- das Hinabgleiten über die freie Willensentscheidung
- die Zurückbringung durch Meine liebende Erlösungstat

> – letztendlich die Wiedervereinigung
> aller Geistwesen in Meiner Gottheit
> Einheit in den Äonen von Zeiten

ist in seiner Formgebung von Meinen Kindern unfaßbar.

Das Undurchsichtige, Getrübte und Dunkle ist der Erdenwelt zu eigen. Sich aus diesen Befangenheiten herauszukristallisieren ist die Aufgabe eines jeden Erdenkindes. Es sind die niedrigsten Stufen, um sich von hier aus emporzuschwingen in die höheren Geisteswelten. Dies ist möglich, denn die einzelnen Geistfunken erfühlen die Hinwendung zu diesem ihrem Brennpunkt.

✤

Meine Sonne leuchtet ungetrübt für alle Meine Kinder, so auch die Sonne Meiner Liebeszentren hier auf Erden.

Es sind dies die Urfunken aus Meiner Ursonne, die wahren Liebeskinder, die Mein Licht, Meine Wärme und Meinen Strom der Liebe weiterfließen lassen, um sich wiederum zu ergießen und zurückzuströmen zu ihrem Ausgangspunkt.

✤

Eine jede Gabe der Vollkommenheit kommt von Mir, eurem himmlischen VATER. Wer sie in Demut verwendet, dem wird sie zum Segen gereichen.

Wer dieses Mein Gnadengeschenk jedoch benutzt, um Geld und Ehre für sich einzuheimsen, der versündigt sich wider den GOTTESGEIST.

✤

Es gibt kein Leben ohne Liebe, und ohne Licht keine Wahrheit. Die wahre Liebe, die gleichzeitig das Leben ist, ist das Licht und die Wärme aus dem göttlichen Zentrum, aus dem URGEISTE. Wer dieses Licht in sich aufnimmt, nimmt gleichzeitig auch die Liebe und das Leben des Ewigen VATERS auf. Demzufolge hat er in sich den HEILIGEN GEIST erweckt, denn in IHM ist die Kraft des wahren Lichtes und der Liebe.

❧

Du bist f r e i und M e i n!

Du wirst Mir dienen in der Fülle deiner Aufgaben. Es sind die Seelen Meiner Erden – Liebeskinder, die Ich dir anvertraue.

Entsprechend deinen Geistesgaben wirst du sie schulen in den einzelnen Sparten jeweiliger Entwicklung. ICH bin es, DER ja das alles in dir und durch dich bewirkt.

Der Reinheit heiligstes Erbe hast du dir bewahrt und mit der Liebe gekrönt, werden Werke vollbracht, die vom URGEISTE bestrahlt sind.

Dieses nunmehrige Freisein für Mich wird dich in Bahnen lenken von höchsten Dimensionen.

Angepaßt deiner Geistesfülle wirst du emporgezogen in Welten, die nur den reinen Seelen vorbehalten sind.

Eingetaucht in außerordentliche Erkenntnisse kostest du nunmehr der Lichtfülle reinste Zonen.

Kraft- und Gnadenströme höchster Schwingungen werden deine Wesenheit durchbeben und dich einen mit Meiner Gottheit Sein.

Eins bist du in und mit Mir. Keine Grenzen sind gesetzt. Die Fülle ist dir gegeben.

So wandle und schwebe mit Mir über diese Erde und besitze gleich Mir den Geist, der alles formt und bewirkt.

An Meiner Hand gehst du einher und schreitest die Wege, die Ich dir weise.

Es zeitigen sich höchste Grade vollkommenster Wahrheit, die nur im Liebeerfüllen, tiefster Beugung und Dienens wiederstrahlen.

Erkennen reinster, wahrster Liebe ist das Vollmaß und Vollendung der erreichten Gottesnähe.

❦

Wende deinen Blick auf Mich und schau, was du dann siehst:

Es ist der Glanz Meiner Göttlichkeit, den du erkennst!

Es ist die Strahlenkraft Meiner Wesenheit, die dich erhellt!

Es ist das unaussprechliche Heilige, was dich anrührt!

Es ist die edelste und kostbarste Form jeglich menschlichen Anlitzes. Aus diesem Antlitz leuchtet die Urliebe ewigen Seins!

Das alles ist nur ein Schauen – was aber ist dieses gegen die Wirklichkeit – Meiner Wesenheit in dir?

Fühl- und spürbar erlebst du Meiner Gottheit Fülle in deinem Sein. Meine Gegenwart ist in dir so lebendig in beglückendem Einssein, daß Meine Urglut in dir vibriert, wie die Flamme der Kerze, die sich verzehrt im Dasein ihrer Bestimmung.

Ungeahnte Kräfte ergießen sich über die Herzstrahlen in die Feinstofflichkeit deiner verschiedenen Körper und ordnen und beleben sie im Einklang dieser Meiner Strahlenkraft.

Es ist ein Eintauchen von Geist zu Geist, ein Sein im ewigen Sein. So werde gleich Mir ein Flammenherd der Liebe – Meines Lichtes – denn in diesem Licht, dem Urgrunde allen Seins und Werdens, bin ICH in vollster Gegenwart.

Durch dieses Mein höchst eigenes Licht stelle Ich Mich Selbst ins beschauliche Dasein und es gibt nichts im ganzen All, was nicht aus demselben Urgrunde ins beschauliche Leben gekommen wäre. GOTT ist also das Urewige und vollkommenste Leben Selbst, das Licht, das ER den aus IHM hervorgegangenen Geistwesen weitergab. Es ist Licht von Seinem Lichte, ein Leben aus Seinem Leben, es ist das freieste Leben aus GOTT Selbst.

❦

Es sind die göttlichen Strahlen der Liebe, die Meinen Erdenkindern geschenkt werden. Die Gluten, die Meinem Ursein entströmen, sind nicht greif- und faßbar noch löschbar, dem irdischen Sprachgebrauch nach.

Sie strahlen hinein in alle Welten, in alle Leben, in alles Sein. Dieses Mein Liebeslicht – Mein göttliches Leben – bewegt alle Atome jeglicher Wesensart, daß sie sich hinordnen dem Urlichte Gottes, dem Urwillen des Schöpfers.

❦

Meine Stimme ist immer hörbar für dich, da es keine Unterbrechung in deinem Gottesbewußtsein gibt. ICH herrsche und wirke in dir. Das Einssein zwischen dir und Mir besteht auf einer vollkommenen Grundlage. Es ist die Angleichung höchster Potenz auf irdischer Ebene. Gleich Meinem Apostel Paulus kannst du sagen: 'CHRISTUS lebt in mir, und mein ganzes Wesen ist eine Wohnstätte des Heiligen Geistes!'

So denn der HEILIGE GEIST in einem Menschengeiste Einkehr gehalten hat, bringt ER alle Seine verschiedenen Gaben mit, die da sind: die Gabe der Weissagung, die Gabe des Schauens, die Gabe der Sprachen, die Gabe der Willensstärke, die Gaben des Gehörs, der Wahrnehmung sowie die des Verstandes und dergleichen mehr.

Durch die wahre Liebe und Demut zu Mir, dem URSEIN aller Schöpfung, kann jedes Geistwesen sein angeerbtes Geistesgut erhöhen. Es bedarf jedoch keiner besonderen Auszeichnung als jene, den Erdengeschwistern in Liebe zu dienen.

Würde ICH die Wesenheiten mit gleichen Gaben ausstatten, so würde sich keines derselben veranlaßt fühlen, dem Mitbruder und der Mitschwester zu dienen. Die Liebetätigkeit hätte auch keine Auswirkung.

In weiser Voraussicht gab ICH einem jeden Lebewesen sein Maß an Gnaden, mit denen er arbeiten und sich höherentwickeln kann. Allein die Liebe und die Demut sind notwendig, um die volle geistige Wiedergeburt zu erlangen.

Was die Erdenkinder in dieser gnadenvollen Zeit am sinnvollsten zum geistigen Leben erweckt, ist der ewig fließende Liebesstrom der Liebe, die gehaltvoll alles Göttliche in sich – was da ist – erfaßt und verkörpert.

Substanzen göttlicher Macht, Geist vom Geiste, werden sich bergen in die Atome dieser Seiner eigenen Hinausstellung.

Unbegrenzt, unüberschaubar wird bleiben der GOTTHEIT Macht und Wesenheit in ihrer für die Erdenkinder unbegreiflichen, unantastbaren und heiligsten Liebesform.

Das Einssein alles Geschaffenen wird in Ewigkeiten vollzogen sein voller Harmonie, Wonnen und Glückseligkeit.

Der Einklang aller Welten, aller Universen, aller hinausgestellten Lebewesen, wird das ewige Sein in sich einen und in jubelnder Herrlichkeit der formlosen Lichtfülle sich angleichen.

Unantastbar wirst du auch für diese Erdenwelt bleiben, einzig Mir gehörend. In Meiner vollen Wirkungskraft – im Sektor Meiner Herzfrequenz – beatme Ich deine Wesenheit und vollziehe das Aufbauwerk göttlichen Wollens und Waltens in Meinen Bereichen. Angereichert mit der Licht- und Gnadenfülle geschieht der Vollzug Meines Wollens.

Erkennbar und empfindbar, den jeweiligen Impulsen entsprechend, ist dein Sein der ausführende Teil Meiner Planung.

Der Liebe Kraft und Gnadenstrom wirkt sich in Meinen dienenden Kindern aus, die diese Erdenwelt durchlichten.

✿

Die Unendlichkeit liegt auch im Jetzt, denn ihr lebt in dieser Unendlichkeit. Es ist dies das unendlich Ewige und Seiende. Hinausgestellt seid ihr aus dem Ur-Born des sichverströmenden, sichgebenden und insichkreisenden Liebesstroms.

✿

MEINE WORTE der wahren, reinen Liebe verhallen größtenteils in leere Gefäße, da Meine Erdenkinder noch zu unerfahren im geistigen Aufbaubereich sind. Die stufenweise Entwicklung des Geisteslebens geht größtenteils nur sehr langsam vor sich.

Einem jeden Meiner Erdenkinder gebe Ich jedoch sein Maß an Erkenntnis und Aufstiegsmöglichkeit. Viele Menschenkinder, die da Mich suchen, flattern gleich den Bienen von Ort zu Ort, um sich von den geistigen Süßigkeiten überfüttern zu lassen. Das Bewußtsein, daß Ich in ihnen die Süßigkeit Selbst bin, können sie noch nicht begreifen. Mein Geist der Liebe – der alle Süßigkeit in Sich enthält – wartet vergebens auf das Suchen und Herannahen jener Geistseelen, die von Meinem honigtriefenden Manna kosten wollen. Ich ließ dich wissen um diese Meine unendliche Geduld des Wartens auf das Sichöffnen der Herzen Meiner Erdenkinder. In dieser Geduld liegt das Erdulden, das Ertragen, das Verstehen und Verzeihen.

✣

Wer sollte euch Worte der wahren Liebe und des Lebens geben, wenn nicht die heilvollste und heiligste Liebe Selbst?

Es gibt keinen Stillstand im Lieben, auch nicht in einer Liebesseele, gleich, wie sie sich tätigt. Immer wird sie gefordert. Diejenigen Kinder, die Mich am meisten lieben, sind auch am nächsten bei Mir. Obschon ihr dem Leibe nach auf der Erde wohnt, so seid ihr dennoch dem Geiste nach Mir nah. Die Liebe überwindet alle Hindernisse, denn Gleiches zieht Gleiches an.

Ihr sollt Mich als euren Vater und Schöpfer lieben, und diese Liebe auch dem Nächsten beweisen, damit ihr die wahren Nachfolger Meines Liebesgeistes seid. Die wahre Gottesliebe kann ja nur echt und rein sein, wenn sie am Nächsten ihren Ausdruck findet. So strömet Meine Liebeskraft aus. Vernehmet den leisen Ruf Meiner Liebe in jedem Atom, denn in ihm liegt verborgen der Liebeshauch Meines GOTTGEISTES, der alles belebt und erhält.

✣

So deine Geistseele von der Strahlenkraft Meiner UR-LIEBE erfaßt wurde, was wundert es dich, daß du berauscht wirst, gleich dem feurigen Trunke eines süßen Weines.

Wenn diese Meine Liebesflut in dich einströmt, so wirst du dem Lauf nicht Einhalt gebieten können, da diese Fluten, gleich dem Lavastrom, ihre Bahn kennen. Wirst du sie aufhalten können?

Liebe zieht Liebe an. Wie leicht anfachbar ist ein Strohhalm. Nicht desto weniger ein Gedanke der Liebe zu Mir, denn er entzündet sich an dem Gottes-Herz-Funken. So werden lodern die Liebesflammen in deinem Geiste.

Bis sich eine Seele Meinem Geiste geöffnet hat, Mir Wohnung gibt im tiefsten Sein ihres Innern, braucht es viel Kampf mit dem Ego jenes Geschöpfes, denn die Geistseele muß lernen, sich dem Schöpfer unterzuordnen.

Jedes menschliche Geistwesen hat die volle Freiheit und Verantwortung – den entsprechenden Phasen nach – sich nach oben oder nach unten zu entwickeln und auszuwirken. Auf diesem Erdenplaneten werden ihnen Möglichkeiten erschlossen, die Wesenheiten auf anderen Planeten vorenthalten bleiben.

Der Begriff Freiheit ist gleichbedeutend mit dem wahren und vollkommenen göttlichen Liebeleben, welches die Seele erst wahrhaft frei macht. Die eigentlichste Freiheit liegt in der Wahrheit, die aus dem URSEIN GOTTES heraustritt. Ich sagte ja: ›Die Wahrheit wird euch wahrhaft frei machen‹.

Alle Wesen im ganzen All müssen sich vergeistigen und emporschwingen in die göttliche Welt. Der Vergeistigungsprozeß sollte für euch Erdenkinder schneller vor sich gehen, denn ihr seid ausgerichtet mit Meinem lebendigen WORT des Lichtes und der Wahrheit. Je mehr ihr der reinen und wahren Liebe lebt, desto mehr vergeistigt sich euer Innenleben.

In weiser Vorausplanung und hinreichender Führung des ewig allweisen GOTTESGEISTES wird Sorge getragen, daß ein jedes erschaffene und hinausgestellte Geistwesen – gleich, wo es sich befindet – seinen Rückweg zu GOTT, Seinem Schöpfer, zurücklegen muß. Dieses Heilverfahren, das bei jedem gefallenen Geiste angewandt wird, ist entweder seinem schwachen oder starken Eigenwillen entsprechend. Wann aber erkennt ein solch gefallener Geist die Hinordnung und Hinwendung zu Seinem Schöpfergeist?

∾∽

Die Entwicklungsphase eines Geistwesens ist gegeben in der Evolution. Eurem Begriffsvermögen nach dauert eine solche 'Ewigkeit' – für euch – unberechenbare Ewigkeiten!

∾∽

Solange die Liebe nicht fest im Ackerboden des Herzens verwurzelt ist – in dem Erdreich der Liebe – so nützt MEIN WORT wenig, wenn nicht das Herz voll Liebe ist.

Wenn eines Meiner Kinder die Liebe lebt, dann braucht es nicht fragen: Wo bist Du VATER? Oder: Komme VATER! Ich bin immer dort, wo die Liebe in einem Menschenherzen thront.

∾∽

Ich bin die Wahrheit! Eine Geistseele erkennt sie in dem Maße, wie sie an der Liebe und in ihrem Gottesbewußtsein gereift ist, eben, ihr Erkennen der göttlichen Wahrheit.

Immer erlebt und erkennt sie aber die reine Wahrheit auf jener Basis, auf der sie sich hinbewegt und die sie stufenmäßig erreicht hat – mithin auf dem Wege hin zu ihrem GOTTVATER.

Wer Mich wahrhaftig liebt, kann alles andere entbehren.

❦

Das Begreifen und Erkennen geistiger Werte und deren Kräfte sind unbegrenzbar in ihrer Erreichung.

Die Frucht, die vom Baume der Erkenntnis getragen und dem Geiste zur Nahrung dient, gibt dem Lebensbaume jenes Geistwesens eine Lebenskraft, die sich weithin in seinen Zweigen und Ästen dehnt, um die eingesogene Strahlenkraft nach außen hin auszuwirken.

❦

Die Wahrheit fließt unaufhörlich in eine Geistseele ein, die sich Mir in Hingabe und Liebe verpflichtet.

Diese Anfüllung göttlicher Einstrahlungen wandeln nach und nach die Zellen menschlichen Seins in die reine Lauterkeit geistiger Substanzen um.

❦

Alles hat seinen Sinn, auch das Böse. Wie wollt ihr das Gute vom Bösen unterscheiden können? Wie sollte sich das Ungute sonst an dem Guten aufrichten, wenn es das Gute, eben, diese Unterscheidungskraft zwischen Gut und Böse, nicht gäbe?

❦

Du köstliche Frucht Meines Geistes der Liebe. Meine Geisteskraft hüllt dich ein im ewigen Sein Meines Selbst in dir.

– Dieser Mein Geist ist die Leuchtform
allen Lichtes
– ist das Leben in all Meinen Schöpfungen
– ist die Wärme aus den Gluten Meines
Herzens!

Meine Geisteskraft fließt und strömt unaufhaltsam in der
Welten Dasein und speist alle gleichzeitig mit der Gnadenfülle Meiner unendlichen Liebe.

Die Strahlenkraft mit ihrer unaufhaltsamen Ausströmung Meiner Göttlichkeit dringt in das kleinste und allerfeinste Atom des Weltalls. Kraft Meiner Allmacht
trägt so ein jedes den Wesenskern Meiner Gottheit.

Aus- und Hinströmung des göttlich ewigen Lebens in jeder Seinsform sind gleichgestaltend, und bewegen sich in
Freiheit ihrer eigenen Geisteskraft, sofern sie nicht der
universellen Ordnung zuwiderhandeln.

Der ewig in sich kreisende Liebesstrom gibt unentwegt
Kräfte von sich, deren Auswirkungen im Erfüllen ihrer
Aufgaben – ihrem Geistvermögen entsprechend – sich
verwirklichen.

Hinwiederum gleiten diese hinausgestellten Geistströmungen nach getaner Arbeit ins Urzentrum der Geistsonne zurück.

❀

Das gnadenvolle Einssein, das Ein- und Ausgießen der
wonnesamsten göttlichen Liebesströmung, ist Erfüllung
des GEISTES Meiner Herrlichkeit!

Da ICH sagte: 'Selig die reinen Herzens sind, denn sie
werden GOTT schauen', ist gegeben der Inbegriff dieser
Worte.

❀

DIE LIEBE BESIEGT ALLES
DIE LIEBE BESITZT ALLES

DIE EDLE GABE

Geschenkbändchen, die zu umfassenderem und größerem Verständnis des Lebens führen. – Für Sie, Ihre Familie, Ihre Freunde und ganz besonders für Kranke, Behinderte, seelisch Leidende und Suchende

DAS UNPERSÖNLICHE LEBEN – Von Joseph S. Benner – Unser Bestseller, zu dem eine Kundin schreibt: 'Das unpersönliche Leben' ist für mich die größte Offenbarung, die mir jemals in dieser Form begegnet ist. Es beinhaltet praktisch eine ganze esoterische Bibliothek, ist ein geistiger Einweihungsweg von höchstem Grade.' – 'Das unpersönliche Leben' – ein Buch, erfüllt von der Ausstrahlungskraft und Stärke der 'JOHANNESBURGER REDEN', das dem sich heute wandelnden Bewußtsein des Menschen Antwort gibt, weit hinaus über alles bisherige Wissen vom Sinn des Lebens.
136 S. – meerblau gebunden – cellophanverpackt –   **3. Auflage**

BOTSCHAFT DES JAKOBUS/DIE SCHRIFT VOM GEIST – Nach den '**Johannesburger Reden**' und unserem '**Unpersönlichen Leben**' das dritte Buch dieser Qualität und Aussagekraft: Niederschrift einer unmittelbaren Inspiration über das Leben des Jesus von Nazareth während seiner Kindheit bis zum ersten öffentlichen Auftreten mit Gesprächen zwischen ihm und seinem Bruder Jakobus. Der 2. Teil des Buches enthält: Weisheiten der Hinführung in das geistige Leben.
120 S. – meerblau gebunden – cellophanverpackt –

DER WEG IN EIN HÖHERES BEWUSSTSEIN – niedergeschrieben von Eva Bell Werber – ist eine Weiterführung der 'Stillen Gespräche mit dem Herrn', die ihr in stillen Stunden vom Geist ihrer Seele übermittelt wurden. – In kurzen, täglichen Belehrungen wird dem Leser gezeigt, wie er die Probleme des Alltags von dem ihm innewohnenden göttlichen Selbst her meistern, wie er inneren und äußeren Frieden finden und an der Schaffung des neuen Himmels und der neuen Erde mitarbeiten kann. – Ein herrliches, hilfreiches Buch.
112 S. – bleufarben gebunden – cellophanverpackt –

ZUM PARADIES DES MENSCHEN – Von Walter Stanietz – Der Autor, der lange in die Stille gegangen ist, zeigt, daß sanftes Berührtwerden von der inneren Welt und dem inneren Leben etwas anderes ist, als das Mitgerissenwerden und Verlieren im Außen. Er weist den Leser in die Seligkeit des bewußten Lebens: 'Zum Paradies des Menschen'.
110 S. – roséfarben gebunden – cellophanverpackt –   **2. Aufl.**

SYMBOLE IN UNS – Von Annamaria Wadulla – Im Mittelpunkt steht die indische Cakra-Lehre, zu der Parallelen aufgezeigt werden, die sich trotz stark voneinander abweichender Darstellungen überall in den verschiedensten Kulturkreisen in großer Fülle finden lassen und die inneren Entwicklungsvorgänge im Menschen symbolisieren. Ein sinnvolles Leben ist nicht von äußeren Reichtümern abhängig. – Mit 5 halb- und 5 ganzseitigen Illustrationen von Rosemarie Wlodeck.
120 S. – violettfarben gebunden – cellophanverpackt –

DIE GÖTTLICHEN STRAHLEN DER LIEBE – Von Gertrud Niesel – Gedanken der sich offenbarenden Liebe in der Ausstrahlung des unendlichen, ewigen Seins. Empfangen und niedergeschrieben in der Erkenntnis, daß nur die tiefe, reine Liebe zum wahren göttlichen Erleben führt.
90 S. – mit Schutzumschlag – hellrosé gebunden –

YOGA – BEWUSSTER ALLTAG – Von Ilse M. Zielasko – Yoga ist ein Übungsweg, eine Weltanschauung und eine Lebenshaltung, die sich im gelebten Alltag bewähren und beweisen muß. Gedanken und Empfehlungen zu gelebter Spiritualität sind Inhalt dieses Büchleins.
42 S. – mit Schutzumschlag – weiß gebunden –

VON DER EWIGKEIT DES SEINS – Von Ingrid Öller – Inspirierte Gedichte in der Auseinandersetzung mit dem innersten Wesen. – Anstoß und Andacht zugleich.
58 S. – mit Schutzumschlag – weiß gebunden –

DAS LAND HINTER DEM SCHLEIER – Von Ingeborg Freimuth-Würz – Ein dynamisch-empirisches Zeugnis vom Miteinander der scheinbar Getrennten diesseits und jenseits des 'Schleiers', das aufzeigt: Die Wesensvollendung geschieht erst im Wiedervereinigen der getrennten Duale, der ewigen Gemahle. Aussergewöhnliche Deutungen von Volksmärchen und ein dramatisches Mysterienspiel runden dieses feine Werk ab.
238 S. – violettfarben gebunden – cellophanverpackt –

GEHEIMNISVOLLE BILDERSPRACHE – Von Irmgard Demetriades – Gestützt auf die außergewöhnlichen Offenbarungen des christl. Mystikers J. Lorber führt dieses Buch in die alte Wissenschaft der Entsprechungen zwischen Materie und Geist. Es weist auf den tiefen gemeinsamen Ursprung der urägyptischen, jüdischen und christlichen Lehren. Mit Abbildungen.
188 S. – beigefarben gebunden – cellophanverpackt –

SEELE, WO IST DEINE HEIMAT? – Von Gerda von Fichte – Die Autorin versteht es, aus der gestalterischen Kraft ihrer Seele und kultivierter Sprache das 'zarte Berühren', – das 'Verhüllen', – das 'Unsagbare' auszudrükken. In Verbindung mit den überragenden Reproduktionen von Prof. Heinrich C. Berann/Innsbruck ein in Vers und Prosa wesentliches und ausdrucksstarkes Buch.
70 S. – bleufarben gebunden – cellophanverpackt –

IM AUGENBLICK SEIN – Von Margret Brügger – Sensible Gedichte, die aus der Erfülltheit eines Augenblicks entstanden sind und den Leser die Dynamik der Stille spüren lassen. Einfach in der Sprache und knapp in der Form, versuchen sie, wie japanische Tuschzeichnungen, Wesentliches zu vermitteln.
80 S. – silberfarben gebunden – cellophanverpackt –

DIE BLAUE HAND – Von Margret Brügger – In der „Blauen Hand" verkörpert sich die Innere Führung. In knapper, lyrischer Form drückt unsere Autorin von „Im Augenblick sein" ihre Erfahrungen aus. – Antwort und Hilfe auf die Ängste unserer Zeit.
49 S. – mit Schutzumschlag – blaufarben gebunden –

PARTNER-BREVIER/I. Teil: Von Marielú Altschüler und Carl-Hubert Krementz – In ihren praktischen Empfehlungen geben die beiden Schriftsteller und Lebenslehrer (BdY/EYU) aus dem Erlebens- und Erfahrungsgut ihrer Gemeinsamkeit Motivation und liebevolle Hinführung zu Bewußtseins-Entwicklung durch Partnerschaft – unbegrenzter Liebe – umfassendem Eingefügtsein in eine neue Welt – optimalem Leben zu zweit, diesseits-, zeit- und ewigkeitsbezogen im Sinne des New Age.
92 S. – hellgrün gebunden – cellophanverpackt –

ABENTEUER LEBEN – Aufsätze und erste Gedichte – Von Carl-Hubert Krementz – Der Autor theoretisiert nicht, sondern schreibt aus einer elementaren Daseinsbezogenheit heraus, die eben dadurch die aktuelle Sprache aller spricht. So ist er in einer Zeit der Unsicherheit jedem Suchenden ein mitreißender Begleiter.
56 S. – mit Schutzumschlag – dunkelgrün gebunden –

LEUCHTFEUER IN DUNKLER ZEIT – Ein Lebensbrevier – Von Maria Magdalena und Otto Herbert – Unsere Zeit ist dunkel. Aber überall werden kleine Lichter angezündet, die nach und nach unsere Welt erhellen. Liebe, Freude, Verständigung erwachen. Eines dieser Leuchtfeuer kann man dieses Bändchen nennen. – Brunhild Börner-Kray schrieb das Vorwort. 4 Yoga-Übungsreihen sind angegliedert.
56 S. – mit Schutzumschlag – türkisfarben gebunden –

YOGA UND NATURHEILKUNDE – Rudolf Fuchs/Margret Distelbarth – 1. Studie: Erste Schritte im Yoga – Yoga, die östliche Lehre vom natürlichen Heilsein hilft dem Menschen des Westens bei der Besinnung auf sein vergessenes Erbe – Naturheilkunde ist nicht nur Wissen um Mittel, sondern Kunde vom natürlichen Heilsein selbst. Beide Autoren praktizieren und lehren Yoga.
48 S. – mit Schutzumschlag – braun/gelb gebunden –

SO RUFT EINE MAHNENDE STIMME – Von Eva-Margret Stumpf aufgenommen, – zur Hilfe für viele. – Aus dem Inhalt: Gedankenwelt – Blumensegen – Wesen – Ideale Frauen – Heldentum – Sterbehilfe – Rosenkinder – Enthaltsamkeit – Verschwiegenheit – Inneres Walten.
56 S. – mit Schutzumschlag – blau gebunden –

EWIGKEIT BLÜHT UM UNS HER – Von Friedrich Klein – Gedichte unseres verehrten 94.jährigen Autors. Rückerinnerung – Nostalgie – liebenswertes Bewundern von Gottes herrlicher Welt.
80 S. – goldgelb gebunden – cellophanverpackt –

GESANG GOTTES – Die Bhagavad Gita für jeden Tag des Jahres mit Erläuterungen von Swami Venkatesananda – Mit der Übersetzung dieses wunderbaren Buches wird dem deutschsprachigen Leser eine großartige Quelle spiritueller Weisheit zugänglich gemacht, die sehr wohl eine ganze Bibliothek an Yogaliteratur ersetzen kann.
406 S. – dunkelblau gebunden – cellophanverpackt –

EIN EINFACHER WEG ZUM HEILEN LEBEN – DIE BHAGAVAD GITA – Von Swami Venkatesananda – Die Essenz der Lehre der GITA dargestellt in leicht verständlicher Form in Anwendung auf unser tägliches Leben. Ein feines Buch echter Lebenshilfe voll praktischem Wert und gegeben aus liebevollem Herzen und autorisiertem Munde, besonders auch der Jugend.
150 S. – mit Schutzumschlag – dunkelblau gebunden –

ERLEUCHTETES LEBEN – Von Swami Venkatesananda – Die Yoga Sütren von Patañjali in einer neuen Übertragung aus dem Sanskrit. Der klassische Text mit wenigen hinzugefügten Sätzen erweitert und interpretiert, gibt dem ernsthaften Sucher die notwendige Führung und das Licht auf dem Wege zur Selbst-Verwirklichung. Wahre Weisheit und wahre Hilfe benötigen nicht viele Worte.
80 S. – mit Schutzumschlag – dunkelrot gebunden –

ESOTERISCHER SOMMER – Von Brunhild Börner-Kray – Bereits die 4. Auflage erreichte dieses ansprechende Bändchen, in dem die Autorin die ihr von der Natur geschenkten Geheimnisse in einer meisterhaften Form preisgibt, denen sich stets mehr Menschen öffnen.
46 S. – mit Schutzumschlag – olivgrün gebunden –   **4. Auflage**

WAS IST YOGA – Von Brunhild Börner-Kray – Die profunde, sachliche Einführung der Verfasserin, die selbst Yoga unterrichtet, vermag befriedigende Antwort zu geben auf die oftmals gestellte Frage nach Yoga und seiner Bedeutung für den Abendländer.
46 S. – mit Schutzumschlag – orangefarben gebunden –

DAS WASSERMANN-ZEITALTER – Von Brunhild Börner-Kray – Der Planet Erde ist an einem Wendepunkt. Wir stehen auf der Schwelle zu einem neuen Zeitalter. Die Menschheit muß sich entscheiden, ob sie sich in die kosmischen Gesetze einordnet. Das Büchlein gibt klaren Einblick in diese Notwendigkeit. –
52 S. – mit Schutzumschlag – lilafarben gebunden –   **3. Auflage**

LICHT IST ÜBERALL – Von Brunhild Börner-Kray – Die Autorin zeigt durch dieses Bändchen, daß sie nicht nur im Geistigen zuhause, sondern auch eine Dichterin mit einer Sprache von besonderem Reiz ist, die den Leser zum Miterleben führt. Sie hat die Gabe, in den kleinen Dingen das Wesentliche zu entdecken.
80 S. – beigebraun gebunden – cellophanverpackt –

DER PFAD DES AUFSTIEGS – Von Brunhild Börner-Kray – Die spontan aufgenommene Veröffentlichung unserer Erfolgsautorin vermittelt in klarer, verständlicher Sprache dem geistig Suchenden nicht nur ein universelles Wissen, sondern ihm wird auch ein Weg zur Selbstfindung und Selbstverwirklichung aufgezeichnet, dem die kosmischen (geistigen) Gesetze zugrunde liegen.
100 S. – elfenbeinfarben gebunden – cellophanverpackt –

METAPHYSIK DER EHE – Von Helmut Wolff – Nicht nur als irdische Institution, sondern als eine metaphysische Wirklichkeit betrachtet der Verfasser dieses Bändchens die Ehe. Über der Zweckmäßigkeit der äußeren Gemeinschaft erhebt sich die Sinnbezogenheit einer Einheit und Innigkeit, die zuzulassen, der dargebotenen Erkenntnis bedarf.
80 S. – elfenbeinfarben gebunden – cellophanverpackt –

FREUDE SCHÖNER GÖTTERFUNKEN – Von Marielú Altschüler – Freude, echte, bleibende Freude, die aus der Tiefe, aus dem Innenraum kommt, ist erlernbar. Jeder Mensch kann sie erfahren, wenn er kleine Spielregeln beachtet, die die Autorin im Plauderton aufzählt. Ein Bändchen, das Schenkenden und Beschenkten Freude macht. Eine wertvolle Hilfe besonders auch gegen Schwermut und Depressionen. – Schönste Gabe für Kranke.
80 S. – sonnengelb gebunden – cellophanverpackt – **3. Aufl.**

MEINE SEELE IST ERWACHT – Von Marielú Altschüler – Frau Altschüler begleitet und lenkt jeden, der sich ihr anvertraut, den Weg, der über das Bewußtsein der Verlorenheit in die Überwindung und Verwandlung zum Bewußtsein der Fülle und seiner Verwirklichung führt. – 70 Verse – zur Meditation geeignet. –
80 S. – taubenblau gebunden – cellophanverpackt –

RHYTHMUS DES LEBENS – Von Marielú Altschüler – Gedichte, die durch das Jahr mit seinem sinnvollen, wechselhaften Rhythmus – durch das LEBEN führen.
80 S. – lichtgrün gebunden – cellophanverpackt –

ZWERG PERECHIL – Von Marielú Altschüler – In sieben phantastischen Märchen und ihren aus Intuition und Wissen gegebenen Interpretationen erläutert Marielú Altschüler in diesem zauberhaften Geschenkbändchen den Weg des geistigen Erwachens, der – heute verschüttet – einmal allen Lebens- und Kulturkreisen zu eigen war. Ein Buch, das wohl der Jugend, doch ebenso dem erwachsenen Menschen Wegweiser sein kann.
112 S. – Irisfarbdruck goldgeprägt – gebunden – cellophanverpackt –

SEI STILLE – SEELE . . . – Von Marielú Altschüler – Ein schmales Bändchen in Langdin-Format um den Sinn von Sterben und Tod. Empfehlenswert als Trost für Trauernde und Hinterbliebene. 5 Holzschnitte von Karl Hans Gehring.
23 S. – Langdinformat – in silberfarbenem Einband/geheftet –

SCHNEEFLÖCKCHEN – Von und mit Marielú Altschüler – Ein Wintermärchen mit Musik für die Adventstage und Weihnachten für Kinder von 6 bis 12 Jahren. – Die immer wieder verlangte Cassette auch für Erwachsene.
4. Auflage

VOLLKOMMENE ATMUNG UND ATEMÜBUNGEN – WAS IST YOGA/-Vortrag – Von Brunhild Börner-Kray – Lehrcassette I –

ENTSPANUNG MIT BEWUSSTSEINSLENKUNG – YOGA-ÜBUNGEN – Von Brunhild Börner-Kray – Lehrcassette II –

MEDITATION – Führung in die Meditation – Von Brunhild Börner-Kray – Cassette –